『大無量寿経』読本 1

北塔光昇

永田文昌堂

はしがき

『仏説無量寿経』は親鸞聖人が「大無量寿経　真実の教　浄土真宗」と仰がれる浄土真宗の根本所依《しょえ》の経典です。かつて、恩師の武邑尚邦本願寺派勧学寮頭が宗学院で講義をされたノートをまとめ、『大無量寿経講讃』と題して上梓されました。その折、浅学菲才の身でありますが、お手伝いをさせていただきました。

宗学院という真宗学を専門に学ばれる方々の学院での講義録ですので、内容的には専門的なものでした。そこで、機会があれば『大無量寿経』を初めて学ぶ方々へ話し言葉で簡易に読める解説書を書いてみたいと思っておりました。

ちょうど、数年前から『大無量寿経』のお話を何度もさせていただく機会を得ました。そこでこの度、その講演原稿をもとにして本書を執筆することにしました。

『大無量寿経』はとても内容が深くまた分量も多い経典です。十分な解説にはならないのはもちろんなのですが、少しでも親鸞聖人のお心に近づき、『大無量寿経』に親しみをもってくださる方ができるようならと願って執筆しました。

なお、『大無量寿経』に関わる多くのことを、簡易に読める本として一冊にまとめることには無理がありますので、読みやすい分量にして数回の出版とさせていただくことをお許しください。

そこで、今回の読本1は『大無量寿経』を読み進めるに当たって必要な基礎的知識を中心にまとめてあります。本文を順に味わっていくのは、次回以降となります。どうぞ宜しくお願い申し上げます。

最後になりますが、お忙しい中を本書の校正にあたってくださった上原広大先生と、様々なアドバイスをくださった長岡岳澄先生、そして出版へのお手配をしてくださった西河唯先生に深く感謝申し上げます。
加えて、本書の出版を快くお引き受けくださった永田文昌堂主永田唯人様には衷心よりお礼申し上げます。

二〇二四（令和六）年一月一日

著　者

『大無量寿経』読本　1　目次

一　仏説について

正依の経典

釈尊から現在まで二千五百年の歴史を持つ仏教には、経典が非常に沢山あり、それら経典の教えをまとめて象徴的に「八万四千の法門」とお呼び申しております。

ただし、それらすべての経典が人々に知られているわけではありません。日本人によく知られているのは『阿弥陀経』・『般若心経』・『法華経』などです。

私ども浄土真宗では、「八万四千の法門」を説く膨大な経典の中から『仏説無量寿経』・『仏説観無量寿経』・『仏説阿弥陀経』を合わせて「浄土三部経」と呼び、それら三部の経典に説かれる教えを依り所（所依）にしています。それは親鸞聖人のお師僧様である法然聖人が、これら三部の経典を「正《まさ》しき依り所」、すなわち「正依《しょうえ》の経典」とお示しをくださったからです。これら浄土の三部経は、すべて漢文で書かれています。

ここが問題なところです。漢文というのは、今の中国語とは違い、漢字ばかりが切れ目なく続いているのです。ですから、漢字を名詞ととるか、動詞ととるか、どこまで続いた漢字が一句になるのか。とにかく読む人によってかなり違いが出てくるのです。もちろん、白文の状態ですから句点もなければ読点もない。「浄土三部経」も読む人の解釈によって、自力の教えにも、他力の教えにも、どちらにも読むことが可能なのです。

そこで、仏教の長い歴史の中では、様々な角度から、これらの経典が解釈されてきたのです。ただし、私どもは親鸞聖人が開かれた浄土真宗の門徒です。当然のことですが、これらの経典を親鸞聖人のご指南・ご指導によって味わっていくわけです。

仏説の問題点

『仏説無量寿経』には、「仏説」という文字があります。

多くの経典には、「仏説」という文字があります。つまり、「仏説〇〇経」というように。「〇〇」には経典の内容に触れたような文言が題名（経題・題目）として入っています。読み下しますと、「仏の説きたまえる〇〇経」となります。この経題における「仏」というのは、基本的に釈尊のことです。

あるとき、次のようなご質問をいただきました。

『仏説無量寿経』に「仏説」とあるが、本当に釈尊が説いた教えなのか？

このご質問をくださった方は、ある大学で教授をなさっている方です。大学は「学問の府」です。大学の学問とは、最先端の科学的な方法で研究がなされています。論理的科学的でなければ学問としてはなりたちません。したがって、ご質問者も、自然科学者ではありませんでしたが、論理的科学的な考え方からご質問をなされたと思われます。

そのことを前提として考えますと、質問者が問題にされたのは、

二千五百年前、インドに誕生した生身の人間である釈尊が本当に説いたのか？

ということになりましょう。

つまり、釈尊は八十歳までご存命であったと言われています。そうしますと、悟りを開かれてからご入滅になるまでに、どれほどの期間に教えを説かれたのか。三十五歳が成道の年としますと、四十五年間に八万四千とも言われる膨大な教えを果たして人に説くことが出来るのかということになります。それは時間的にも物理的にも無理があると

いうことです。

さらに、文献学的考古学的には、釈尊の時代に近い言葉で記され残っている経典は、東南アジアに伝わる聖典だけであり、その内でもわずかなものに過ぎない。にもかかわらず、後世の漢字のみで記されている経典を釈尊が説いたとされるのはおかしいということになります。つまり、古い時代のものは古い時代の言葉で説かれているに違いない。『仏説無量寿経』のように後の時代に編纂されたと思われるようなものに記される教えは、釈尊の教えではないだろう。こういう「仏説」の理解の仕方です。

もっと詳しく言いますと、『仏説無量寿経』に説かれる教えは大乗仏教の教えです。大乗仏教の経典が編纂されたのは釈尊入滅後五百年以降のものです。そして、現代人の物質中心の科学的な思考から言えば、『仏説無量寿経』の内容はフィクションであり、おとぎ話のようなものである。こういうことを根拠として質問されたのでしょう。

『仏説無量寿経』で説かれることはフィクションであり、歴史上の釈尊が説いたものではない。
こういう理解に立ってのご質問ということになるわけであります。

釈尊の伝記

そこで考えなければならないのは現在の通説となっている釈尊の伝記です。今の釈尊伝というものが、どういう経緯で仏教学での通説になったのかということです。

現在通説となっている釈尊伝は、東南アジアに伝わっている上座部《じょうざぶ》系の仏教聖典をもとにして、神秘的神話的記述を排除して近代以降の仏教学者によって作られたものです。

上座部系仏教というのは、あまりなじみのない言葉です。この言葉は、数十年前から広く用いられるようになりました。それまでの日本仏教では中国伝来の伝統的な呼び方で小乗仏教でした。この小乗という表現は、大乗仏教の側からの呼び方です。つまり、すべての人を仏にさせるという大きな乗り物に喩えられる教えから言えば、阿羅漢《あらかん》を目指す教えは小さな乗り物に過ぎないという差別的な呼び方です。そこで、現代では学問上で必要とされる以外では使わない名称です。

ただし、上座部という呼び方には注意が必要とされます。それは、現在の上座部系仏教と釈尊滅後に教団が分裂してできた上座部とは同じものではないからです。

仏教教団は、釈尊が入滅されて百年が経ったころに保守的な比丘《びく》と進歩的な比丘の二派に分裂します。これを根本分裂と言います。このことについては後にお話ししますが、その時の保守派の人達の部派が上座部と呼ばれます。この方々は長老と尊称されますので長老仏教とも言います。古代インドからの聖典語で言えばテーラワーダ仏教です。「テーラ」は長老、「ワーダ」は教えです。

この上座部の系統とされる方々が伝えてきた聖典が現在の釈尊伝の根拠になっています。この上座部系の仏教聖典に使用されている古代インド語を聖典語と言います。一般的には「パーリ」語と言いますが、そのパーリ語の仏教聖典は、紀元前三世紀頃にインドからスリランカに伝わり、その後、東南アジア一体に伝わったものです。現在の東南アジアの仏教教団では、それぞれの国の文字で記されていますが、発音はパーリ語で、内容は一緒のものです。その上座部系の仏教聖典を基にして、科学的に問題とならない箇所のみを抽出し、釈尊の伝記を作り上げているのが、先の質問の前提となっている釈尊伝であり、釈尊像です。

ところがこの釈尊像には問題があります。

そもそも、一体どなたが東南アジアに伝わる仏教聖典のみが釈尊の実態を正しく伝えるものだと考えたのでしょうか。

それはヨーロッパの方々なのです。日本では明治期まで、東南アジアに伝わっている仏教を研究するということはなかったのです。中国から日本に入ってきた漢文経典を基にしてインドまでの歴史を遡り、仏教を研究してきたわけです。

聖典の編纂と伝播

それでは、東南アジアに伝わっている仏教聖典というものはどういうものなのか。どのような経緯で近代仏教学の対象として研究されてきたか。

ご承知のように、多くの西欧列強は、第二次世界大戦が起こるまでの間、植民地支配を東南アジア各地で行っていたわけです。そういう中で植民地支配における政策上、当地の文化・宗教を学ぶことが必要になってくるわけです。それによって、当地の宗教である仏教が学ばれた。それもキリスト教による宗教的な学び方ではなく、科学的な、学問的な見方で仏教を研究していこうという姿勢です。それが近代以降の仏教学というものです。

そこで、釈尊像や釈尊伝では、科学的に説得力のあることだけが取り上げられ、象徴的なことや奇跡に準ずることは全部そぎ落としていって、人間として理解できる、人間の行動として理解できるものだけが文献から選び抜かれる、そのようにして組み上げられたのが現在の釈尊像ということになります。ですから、現代の多くの日本人に受け入れられている釈尊像は、明治以降にできあがった釈尊像ということになります。

しかし、「仏説」とは、人間釈尊の言葉をまとめたものではないのです。

仏説とは、真実の道理、真理である「法」を説いたものなのです。ですから、釈尊のご指示では、釈尊自らが用いた言葉と異なっている言葉だとしても、正しく法が伝わるのであれば問題がないとされるのです。むしろ、法を伝えるためには、新たな土地へ行ったらその土地の言葉で話すようにと勧められるのです。

そもそも、文字というものは、物事を伝えたいとする人が本当に話したものかどうかはわからないものです。別の人がその人の名前で書いたとしても確かめようがありません。

ところが、書いたものとは違い、人が直接語れば、その人に信頼性が置かれている限り話す内容にも信頼性があります。人が語ることを信用できると受け止めるのは、聞く人がその人のことを信頼していればこそできるのです。その人が語る言葉には信頼性があります。つまり、信頼性のある人から直接法が語られる、伝えられると、語られた法に信頼性が生まれます。そして初めて法が人から人へと伝わることになります。要するに聖典は釈尊以来、伝統的に信頼性のおける人物からの口伝、口誦で伝わってきました。このようにして、師から弟子へと伝わってきたのが経典・聖典です。

しかし、この口伝は、人によって言葉が異なることもあれば、わかりやすくするために脚色したり譬喩を入れたり、法を伝えるためには、相手に応じて話す必要があります。それから時には自身の解釈が交わることもあるでしょう。

そうすると、伝わる内容が様々になります。伝える人が増えれば増えるほど異なった内容になります。

もともと、釈尊のご在世時であっても、釈尊の弟子が常に一所に集まっているということはありません。北インド各地に広がって教えを弘めている、そういう状況で教えが伝わったのです。インドは非常に広大なところです。比丘は歩いて各地へ赴くのです。そうすると仏弟子の間でコミュニケーションが取りづらくなります。

ですから、伝えられる内容も相当バラバラなものになってまいります。それでも釈尊のご在世時は、内容に違いがあっても、直接釈尊に教えをお聞きし、正せばよいわけです。釈尊に絶対的な信頼性が置かれているのですから。

しかし、釈尊がご入滅されますとそれができないのです。そこで、釈尊のご入滅直後に経と律とを統一しようということになります。それが五百人の阿羅漢による第一回目の聖典編纂会議、「第一結集《けつじゅう》」です。

この時に会議の中心になった比丘が摩訶迦葉《まかかしょう》というお方です。この方が座長となって聖典がまとめられていきます。

釈尊が説かれた教えの方は「経《きょう》」としてまとめられます。この経は、釈尊の従兄弟で、常に釈尊の側に付いて教えを聞かれていた弟子の阿難《あなん》が、「このように私は聞きました（如《によ》是《ぜ》我《が》聞《もん》）」と、四百九十九人のお弟子方に話されます。そこで、集まってきた方々が「その通りだ」と賛同すれば、「仏さまが説かれた（仏説）」と承認されて、一つの経が完成します。ただしこれも文字に残したものではありません。口伝えです。そこで、間違って伝えないようにする工夫として「偈《げ》（詩）」にします。詩であれば、散文よりも変わっていくことがまれですし、覚えやすいからです。しかし、長い年月がすぎれば、先ほども言いましたように、詩であっても変わっていきます。そこで、その後、何度も結集の必要性が出てきます。

なお、第一結集のときに聖典の「律《りつ》」も編纂されました。

律というのは、教団としての決まり事、約束事です。どんなふうに食事をしようかとか、どんなふうに生活しようかなどの、様々な約束事です。すべての約束事は、教団内で問題が起こるたびに釈尊が定められたものです。ですから、釈尊がおられた時は、問題が起こるたびに釈尊に報告し、釈尊が律を作られたのですが、釈尊がご入滅されますと勝手なことを言い出す弟子もいます。それで、律を比丘全員が承知していないといけないということになります。

そこで、阿難は経、律はそれをすべて正しく知り守っている優波離《うぱり》という方が、「これはこのように決めてあります」と皆の前でおっしゃり、それを全員で承認することにしました。この承認によって、「経」とともに「律」が編纂されたのです。それらは、経蔵《きょうぞう》と律蔵《りつぞう》という名前で二分されて整理されています。なお、律の方も基本的に詩になっていますが、律の成立の事情などは散文で伝わっています。このようにして、「二蔵《にぞう》」が成立しました。

教団の根本分裂

しかし、伝わりやすい詩であっても長い時を経ますと、口伝えであれば詩がそのままに伝わるとはかぎりません。伝える人が間違えることもあれば、忘れることもあります。また、詩は短い言葉の組み合わせにすぎませんから、それを解釈し説明もしなければいけません。その上、比丘は全員がいつも一所にいるわけではありません。そこで、特に律において比丘の間で解釈の相違が起きて対立が起こってきます。ちょうど仏滅後百年ぐらい経った時、教団が二分されたのです。それが根本分裂です。

先ほどあげた上座部の名前はこの根本分裂に始まります。上座部系統の方々は保守的なものの考え方をします。二蔵に対して、特に律については新しい解釈はしない、従来のことを踏襲する方々です。それに対して、新しい解釈によって行動を変えようとする方々を大衆部《だいしゅぶ》と言います。大衆部の方々は、現実に即して解釈を広げてもいいのではないかという立場です。いずれが正しいかは、釈尊がおいでにならないのですから判定のしようがありません。そこで、保守的な上座部と革新的な大衆部とに分かれることになります。これが根本分裂です。律とは比丘の生活規範、行動規則ですから、当然、上座部と大衆部とが共に行動することはできません。

また経について言えば、釈尊入滅後は、釈尊がおいでになりませんから経の解釈を仏弟子たちが行わなければなりません。この仏弟子たちの経解釈における論議はまとめられて論蔵《ろんぞう》と呼ばれます。そこで、経や律の解釈の相違による根本分裂のような状況があると再度聖典の編纂をしなければなりません。これが、第二結集となります。この時仏弟子の解釈である論蔵も加えられ三蔵《さんぞう》の結集ということになります。ただし、分裂しているのですから、実際には律蔵などは分かれた派では元の派とは異なるものになり、三蔵も派によって異なることでしょう。また、経も同じ経であるべきなのに、前に申し上げた伝わる過程で相違していくということも起きてきます。そのような経緯の中で、インドから中国経由で日本に伝わってきた多くの部派や大乗の聖典が私たちの北伝の仏教です。なお、北伝仏教の伝承では、上座部と大衆部はその後も分裂を続け、ついには二十部派になったと言われております。それらの事情を伝えているのが『異《い》部《ぶ》宗《しゅう》輪《りん》論《ろん》』という書物です。

なお、北伝仏教での部派分裂と、インドからスリランカ、そして東南アジアへと伝わった南伝仏教での部派分裂の伝承とでは別の内容になっています。ただし根本分裂という意味では同じことであり、革新的な大衆部が、保守的な上座部と袂を分かったのです。

ちなみに、北伝仏教に伝わる二十部派は、本願寺出版社の『僧侶教本B』（本願寺派僧侶となり、その上で住職等の任命を受けることができる教師資格を取得する人のためのテキスト）という本にすべて載っております。

聖典の文字化

ところで、聖典が文字で残されるようになるのはいつ頃なのでしょうか。このことは、「仏説とはどういうことか」ということを説明する内容との関係から、南伝の仏教での伝承を中心にお話ししましょう。

南伝仏教では、紀元前三世紀の中頃にインドのマウリア王朝のアショーカ王の下で、上座部系の分別説部《ふんべつせつぶ》がその部派に伝わっている経蔵・律蔵・論蔵の三蔵を編纂したということになっています。これが第三結集です。

アショーカ王は仏教を非常に大事にされた王様ということで多くの方がご承知のことと思います。ただし、当時の分別説部という部派は、北伝仏教に伝えられる二十部派の上座部系には名前がないのです。したがって、上座部から分裂してきた一部派の名称が異なって伝わったものか、または、二十に分裂した以降さらに分裂してできた部派なのか、ここでは断定できませんが、三蔵を編纂できる聖典を有する部派であったのはまちがいのないところでしょう。

この第三結集が行われた後に、アショーカ王の子であったマヒンダ長老が仏教を伝えるためにインドからスリランカに渡ります。この長老が三蔵をスリランカに伝えたわけです。

この時点でも三蔵は口伝です。釈尊が説かれた法を伝えるのが目的でありますから、言葉や内容が若干異なっても問題はないでしょう。

それから、二百年ぐらい経ちます。紀元前一世紀頃になりますが、インドから仏教が伝わったスリランカでも教団の分裂が起こります。南伝仏教における教団分裂です。

そこで、分裂したスリランカ教団の主流派に属する人達が、自らの正当性を明らかにするために三蔵の結集をします。いわば第四結集です。ただし、それまでの結集と違うのは聖典を文字化して結集したということです。記録された歴史上、聖典が初めて文字化されたわけです。

口伝とは異なり、文字にしますと、意図的に変えないかぎり、あまり内容が変化しないのです。従ってこの第四結集以降は、南伝の聖典、南伝大蔵経《なんでんだいぞうきょう》は変わらなかったであろうと思われます。そして、そこに使用されている言語は、当時のスリランカの言葉ではなく、パーリ語でした。

一般に知られている古代インド語の「サンスクリット」というのは、インドのバラモン教において用いられていた言葉です。、パーリ語は、その言葉を簡略化したような言語です。なお、大乗仏教の経典はインドではサンスクリット語で記されました。それで大乗経典の原典は、梵語という言葉に「サンスクリット」を漢訳することから、梵語経典とも言われます。たとえば、「般若（はんにゃ）」という漢語は「智慧《ちえ》」を意味する仏教語で、日本でも有名な言葉ですが、サンスクリット語では「プラジュニャー」です。その言葉がパーリ語ですと、「パンニャー」となります。その「パンニャー」が「はんにゃ」

という発音のまま、「般若」という漢字を当てて漢語になったと思われます。

ところで、インドや東南アジアの多くの国の文字は、中国の漢字とは違い、表意文字ではなく表音文字です。ですから、音をそのまま文字にすることができますので、国で文字が違っても、発音も言語も変わることはありません。つまり、南伝の上座部仏教の聖典はパーリ語で記されているので、発音も言葉も変わることがないのです。したがって、国が違っても聖典の内容は変わることなく伝わっています。この点が北伝の仏教と違うところです。

そこで、この南伝仏教の聖典は、後にスリランカからタイ、ミャンマー、カンボジア、ラオスなどにパーリ語のまま伝わりました。そして現在は、それら各国の異なる文字から、ほぼ世界中で使われているローマ字に統一して置き換えられ、イギリスから出版されています。そのために、ヨーロッパはもとより、多くの国々でパーリ語での仏教研究ができることになったのです。

つまり、いわゆる歴史上の釈尊像は、パーリ語の南伝仏教聖典をもとにして描かれたものなのです。

日本仏教の変容

日本の仏教における釈尊観は、近代、具体的には明治以降にヨーロッパから日本へと伝わってきたパーリ語やサンスクリット語による研究を中心とした仏教学によって、それまでの大乗仏教の釈尊観である仏陀としての釈迦牟尼仏から人間釈迦へと大きく変容しました。

江戸時代までの日本仏教は、中国から直接、または朝鮮半島等を経由して日本に入ってきた漢字仏教、特に大乗仏教であり、奈良・平安・鎌倉・室町・江戸の各時代に成立した宗派の仏教です。つまり、本来のインドの言葉が漢字・漢語に置き換えられている三蔵を原本として成立した教えを基礎としたものです。その仏教が奈良時代以降、日本へ入り、江戸時代の末までに理解され、釈尊像が作られてきたのです。

ところが、明治維新での文明開化によって西洋の科学的な学問研究が流入され、仏教研究も西洋への留学を果たした人たちが大学で教鞭を執るようになり、やがて現代仏教学の礎が築かれることになりました。

では、なぜ西洋で科学的な仏教学が起きたのでしょうか。すでに申しましたが、西欧列強がインド・東南アジアの植民地支配を行ったからです。要するに、インド・東南アジアにヨーロッパの国々が植民地支配をしたわけでありますから、その植民地にあるところの文化の一つとして宗教を理解しておかないと、そこの人々から様々なものを自国に持ち帰ることができない、というような理由です。また一方では、その国の人達にキリスト教を布教するために現地の宗教を研究したいという理由もあっただろうと思います。

そこで、当地の仏教を本格的に研究しようということになると、それは日本に伝わった中国経由の大乗仏教ではなく、部派分裂後の上座部の一部の部派の系統である、いわゆる上座部系統の持っていた三蔵を対象とした仏教研究となります。結果、上座部仏教聖典によって科学的に釈尊や仏教の理解をしていくということになりました。その流れの中で現代の釈尊像が作られたのです。

第四結集について

ここで再度聖典編纂について触れておきます。南伝仏教での第四結集については、スリランカで行われたということは先に述べましたが、北伝仏教の説一切有部の伝承では、結集はアショーカ王のときではなく、紀元二世紀頃に、インドのクシャーン朝のカニシカ王の時代に行われたとされます。

説一切有部《せついっさいうぶ》というのは、知られる限りインド仏教では最大の部派であったと言われています。現在の研究では、大乗仏教といっても特別に大乗仏教の教団があったのではなく、後世に有名な菩薩でも、説一切有部で出家した上で大乗仏教を学んでいるというような状況であったとされます。

浄土真宗七高僧の第二祖の天親菩薩は、大乗仏教に転向する前は説一切有部の比丘でありました。律蔵に関して言えば、すべてが小乗の部派の律です。大乗仏教には律はありません。大乗仏教の約束事は、いわば自身の誓いです。ですから、大乗仏教は「戒」のみであり律はありません。自分で誓ったものは戒であり、教団として決めた約束事は律です。ですから、教団で決めた規則を「自分が守る」と誓うという意味で言えば、律は戒でもありますが、自分で誓った戒が教団の律になっていなければ、その戒が律であるとは言われません。

そういうことですから、在家の信者の方々が「五戒を守ります」と誓いますが、「五律を守ります」とは言わないのです。ただし、日本では、伝教大師《でんぎょうだいし》最澄《さいちょう》が、当時のすべての僧侶が東大寺などの三戒壇で小乗の律で受戒しなければならなかったことに対し、比叡山で大乗の戒だけで僧侶になれるように朝廷に願い出たことから、律と戒との区別がつきにくくなってしまいましたが…。

釈尊の出城得道

北伝仏教に伝わる経典に載る釈尊の伝記は、スリランカに伝えられたものと異なる内容のものが多く、特に、釈尊の出城《しゅつじょう》（出家）と得道《とくどう》（成道）の年齢は南伝仏教での一般的なものとは異なっています。

現在、本願寺派では、釈尊は二十九歳で出家なされて、三十五歳で成道、すなわちさとりを開かれたということになっています。

参考までに本願寺出版社『浄土真宗聖典―註釈版　第二版―』（『註釈版聖典』）の巻末註の記載をあげておきます。

しゃかむにぶつ［釈迦牟尼仏］　梵語シャーキヤムニ・ブッダ（Śākyamuni-buddha）の音写。釈迦は種族の名、牟尼は聖者で、釈迦族の聖者の意。釈尊ともいう。仏教の開祖。約二千五百年前、インドのカピラヴァストゥの王、浄飯王を父とし、摩耶夫人を母として誕生した。二十九歳の時、道を求めて出家し、多くの師を歴訪したが満足せず、尼連禅河のほとりの山林で六年間にわたり苦行した。三十五歳の時、のちにブッダガヤー（Buddhagayā）と呼ばれる地の菩提樹の下に座って瞑想し、ついにさとりを開いた。

（『註釈版聖典』一四九〇頁）

この見解は近代仏教学によるものです。つまり南伝仏教聖典の研究に基づいて記載しています。その意味では親鸞聖人とは若干違うことになります。もちろん北伝仏教にもこの年齢の説はあります。南伝仏教の聖典と同じ原典からの漢訳と思われる経典が北伝仏教にもたくさんありますから。しかし、スリランカに伝わった部派以外の部派の聖典や、特に大乗経典などに出てくる説、たとえば浄土真宗七高僧第一祖の龍樹菩薩の『大《だい》智度論《ちどろん》』などに出てくる説は、成道年齢は示されてはいませんが、十九歳で出家となっています。天台宗はこの説によります。そして、天台宗では釈尊の成道を三十歳とします。天台宗ではこの年齢を基準として教義を立てています。釈尊の入滅は八十歳ですから三十歳の成道で五十年間のご説法ということになります。南伝仏教ですと四十五年間ですが、親鸞聖人は天台宗の説に基づきます。五十年のご説法です。

しかし、問題は十九歳の出家です。『大無量寿経』には仏は成道の前に六年間の修行をされることが出て来ます。この六年間の修行年数のことは他の多くの経典にも出ています。二十九歳出家にしても三十五歳成道ですと、数えて七年です。そして、十九歳から三十歳まで、満でも十一年以上十二年未満あります。経典は「数え」で数えますから十二年となります。

これらの年数をどのように整理すればよいでしょうか。そこを天台宗では、釈尊の出家は十九歳であるが、二十五歳から苦行をされたとしています。これですと二十五歳以前の出家であれば何歳のときでもかまわないことになります。中国から日本に伝わる仏教、特に天台宗の系統ではこの説を使用されます。それが明治時代までの釈尊の出家成道年齢における日本仏教の定説といってもよいと思います。

以上のことから、歴史上の釈尊と言ってみても、南伝仏教の伝承に基づいた釈尊像であり決して科学的に証明された釈尊ではありません。

真実の法

話を戻しまして、改めて「仏説とは何か」ということに触れてみます。結論から申しますと、それは「輪廻《りんね》からの解脱《げだつ》」を説いたものということになります。特に大乗仏教では、このことは、「すべての人が仏になることを説くもの」ということになります。ですから「真実の法を説くもの」、「すべての人が救われる真実の法を伝えること」が「仏説」であり、単に言葉を伝えるものではないのです。それゆえ「仏説とは何か」ということ、「真実の法を伝える」ということに尽きるわけです。

そこで、「真実」ということについて考えてみたいと思います。

真実とは何か、それは「本当のこと」、「嘘・偽りのないこと」、「まこと」、これらのことでしょう。普通、真実を判断する基準は、すべての人に少しの違いもなく見え、聞こえ、嗅げ、味わえ、触れることができるという五感の客観性でしょう。その客観性によって真実であると判断をしているということでしょう。つまり真実というのは何なのかというと、すべての人に等しく認められるということでしょう。それ以外のものは真実ではない、だから、すべての人に等しく認められない内容の仏説は真実ではないということになります。本当にそうなのでしょうか。この人間中心、すなわち、自己の煩悩によって分別《ふんべつ》する五感による客観性こそ真実を明らかにすることを妨げるものであると、仏教では説くのです。それは、私たちが考える真実は、真実とは言えないということです。

そこで、今度は「法」を中心に真実を考えてみたいと思います。「法」のサンスクリット語は「ダルマ」、パーリ語が「ダンマ」です。音訳すれば「達磨《だるま》」で、意訳が「法」です。

「サンスクリット」を漢訳することは、とてもたいへんなことです。「ダルマ」とそのまま音訳しても通じません。だからといって、意訳するには「サンスクリット」と同じ概念の言葉が中国になければなりません。結局原語に似た概念の言葉を当てはめることになります。そこで選ばれたのが「法」です。しかし、元々は違う言葉ですから、どうしても元の意味に引っ張られます。ですから、仏教として「法」、「達磨」という言葉を定義しなければなりません。たくさんの定義ができますが、「任持《にんじ》自性《じしょう》　軌《き》生《しょう》物《もつ》解《げ》」と漢文では大きく二つの定義に分けられます。

すなわち、一つ目は、「自性《じしょう》を任持《にんじ》して」です。「自性」というのはそのもの自体の本質というような意味合いです。それを、しっかりと持っていることを「任持」といいます。独自の本性を保っているものということです。わかりやすく言いますと、私たちがイメージできるすべての概念や事象のことです。存在と言いかえてもよいですし、「モノ」と言ってもよいでしょう。

そして、二つ目は、「軌《き》となり物に解《げ》を生《しょう》ぜしめる」です。人に事物の一定の理解を生ぜしめる軌範ということですから、法則、規則、道理、真理などのことです。「教法」とも言えます。

今、「真実の法」という場合には、二つ目の意味においてです。

一つ目の意味で使われる「法」は、「一切諸法」といった場合の「法」です。「すべてのモノ」という意味です。経典を読む場合には、一つ目の意味か二つ目の意味か、どちらであるのかを考えておかなければなりません。「一切諸法」という言葉を、「すべての道理」の意味で取るとまったく違った解釈になってしまいます。

そこで、「真実の法」ですが、「真実の法」とは真実の道理のことです。真実は道理であり、縁起です。つまり、さとりの内容のことであって、「真実の法」は、「縁起の法」とも言えます。「縁起の法」をさとって仏になるのです。

「縁起」という言葉は、「因縁生起《いんねんしょうき》」の略です。私たちの世界は全て因縁生起していると体得するのが仏になることです。ですから、この「縁起の法」を伝えて、すべての苦しみからの解放を説く教えこそ、「真実の法」を説く「仏説」なのです。したがって仏説とは、釈尊が使用した言葉やその言葉の翻訳を指すものではなく、すべての人に真実の法が伝わり、すべての人が苦しみから解放される道を示す教えが仏説ということになります。

二　浄土真宗

「大」について

本願寺派から出されている『浄土真宗聖典（註釈版）』（『註釈版聖典』と略）を手元に置いていただけると大変ありがたく思います。

『註釈版聖典』は「初版」と、現在出されている「第二版」との二種類があります。初版を少し直して出されたのが第二版ですので、頁が若干違っているようなことです。

また、第二版は「分冊本」もありますので、いずれを用いられても構いません。通常、現在出ている第二版の頁を示しておきます。『註釈版聖典』の一三四頁を開いてください。この箇所は初版も第二版も同じ頁です。

『教行信証』は六巻から出来上がっていますが、最初の頁の一番端、柱書《はしらがき》というのですが、そこに「標挙《ひょうこ》」の文字があり、その下に、標列《ひょうれつ》と記されています。「標挙」は「標（しるし）として挙げている」というほどのものです。その標挙の標列の最初に

大無量寿経　真実の教　浄土真宗

と記されます。

「真実の教　浄土真宗」、このように通常の文字の下に二行に分けて小文字でいれる註を割註《わりちゅう》といいます。

『大無量寿経』は、「真実の教」であり、その教えは「浄土真宗」なのであるという意味です。

親鸞聖人が「浄土真宗」と仰せになる場合は宗旨としての名前ではなく、教えのことです。「宗」は「中心となるもの」です。つまり、浄土真宗とは「浄土教が仏教の中心となる真実の教え」というような意味です。そして、それが『大無量寿経』であると、『教行信証』の最初に記されるのです。

そこで、この『大無量寿経』という言葉について考えてみたいと思います。

　すでにお話ししましたが、「浄土三部経」とは、『仏説無量寿経』と『仏説観無量寿経』と『仏説阿弥陀経』です。しかし、親鸞聖人は、ご自身の著作に引用された他の方々のご文を除外しますと、ご自身のご著作では、『仏説無量寿経』は『大無量寿経』、『仏説観無量寿経』は『無量寿仏観経』とお書きになられているのです。他の方々が普通に使われるように『無量寿経』、『観無量寿経』とお書きになられてもよさそうなのですが、必ずこのようにお書きになっておられます。現在私たちが見ることのできるお書物ではそうなっているのです。

　それには、何か深い意味、ご意図があるのだろうと思われます。それを考えてみたいと思います。ちなみに、『大無量寿経』という記し方は、親鸞聖人の以前の方でも時々見受けられますが、『無量寿仏観経』という記し方は、現在分かっているところでは、親鸞聖人のお書きになったものだけです。「大蔵経」を探してみましても、『観無量寿経』、『観無量寿仏経』、『無量寿観経』などです。『観経』を聖人のように記している題目・経題は目にすることができません。

親鸞聖人は二十九歳から三十五歳まで法然聖人のもとにおいでになられましたが、そのころからずっとお持ちになっておられたと考えられる自ら書写された『観経』があります。その『観経』には、たくさんの註を入れられていますが、その書物、手控え書というか、ノートと言うか、現在はその書が『観無量寿経註』と呼ばれています。その書の経題の『仏説無量寿観経』の文字の上の空きスペースに朱で「有仏字」と記入してあって、さらに「無量寿」の文字の次に（「仏」がある写本もあるように）丸しるしが付けられています。親鸞聖人がご覧になった写本の一つに、『無量寿仏観経』と記されたものがあったのかもしれません。親鸞聖人は文字を写されることに関しては非常に厳密な方ですから…。

親鸞聖人は『大無量寿経』という経題が、中国以来使われていることをおわかりになっています。ですから、『大無量寿経』と、根拠もなく呼ばれることはないのですが、しかし、『無量寿経』でよいのに、必ず「大」の字を付けておられます。

そこで、『大無量寿経』という経題の「大」の意味について考えてみます。

ちなみに、「浄土三部経」の略名をあげますと、『無量寿経』は『大経』、『観無量寿経』は『観経』、『阿弥陀経』は『小経』あるいは『弥陀経』です。この呼び方は、浄土真宗に限ったわけではありません。ただし、親鸞聖人以外での『大経』の「大」は、『小経』の分量の「小」に対しての「大」の意味として用いているといえましょう。

なお、天台宗で『大経』と呼ぶのは大乗の『大般涅槃経《だいはつねはんぎょう》』、『涅槃経』のことです。この大乗の『大般涅槃経』は『教行信証』にもたくさん引用されますが、天台宗では非常に重要な経典であります。天台宗の教えに基づいてお話ししましょう。『涅槃経』は、釈尊の出世本懐《しゅっせほんがい》の経典である『法華経』に漏れた人々を救うために説かれた経典です。釈尊はご入滅前の八年間に『法華経』を説かれますが、ご入滅直前に『涅槃経』を説かれます。それは、『法華経』を説く場に出会うことができなかった人々や、『法華経』を聞いても分からなかった人々のため、つまり、『法華経』から漏れている者のために釈尊が涅槃に入られる直前に説かれたのであるとされます。その期間ですが、一般的には一日一夜とされます。

とにかく、天台宗ではとても大事な経典ですから『大経』といえば『大般涅槃経』ということです。

余談にはなりますが、親鸞聖人は天台宗で学ばれたということは皆さんもご存知の通りです。所依の経論という点で天台宗と浄土真宗を比較してみたいと思います。

浄土真宗の所依の経論とは「浄土三部経」と天親菩薩の『浄土論』、「三経一論」です。この「三経一論」対して、天台宗は「四経一論」といえます。「四経一論」の内、『妙法蓮華経《みょうほうれんげきょう》』と『大般涅槃経』、この二つの経典の重要性はすでに申しました。

釈尊の入滅前の八年間が「法華涅槃時《ほっけねはんじ》」といわれますが、その前の二十二年間が『般若時』です。この期間には多くの般若経が説かれました。その内、大切なのは『摩訶般《まかはん》若波羅蜜経《にゃはらみつきょう》』、略名で言えば『大品般若経《だいぼんはんにゃきょう》』（『大品経《だいぼんぎょう》』）です。この経典には「空《くう》」が説かれております。大乗の「空」の思想です。天台宗の教義の基本は、大乗の空思想です。この空の思想をもとに菩薩の修行がなされていくのです。ですから、論書として挙げているのは龍樹菩薩の『大智度論』、『大品経』の註釈書です。

そして、この菩薩の修行の段階が説かれているのが、『菩薩瓔珞本業経《ぼさつようらくほんごうきょう》』、これは略して『瓔珞経《ようらくきょう》』、この経典が天台宗の所依の一つです。

浄土真宗も天台宗での教判による別教《べっきょう》で示す菩薩の段階と同じ階位を用いていろいろな説明がなされます。たとえば、龍樹菩薩が「初歓喜地《しょかんぎじ》」におられたとか、弥勒菩薩が「等正覚《とうしょうがく》」の位であるということです。その菩薩の位について細かく書いてあるのが『瓔珞経』です。これら『法華経』・『涅槃経』・『大品経』・『瓔珞経』の四経と『大智度論』の一論を天台宗では大事にしているのです。

なお、略名で気を付けなければならないことを述べておきます。

まずは、『大品経』です。

天台大師智顗《てんだいだいしちぎ》という方が天台宗を開かれたのは中国の隋の時代です。まだ唐の時代ではないのです。ですから、天台宗の基礎となる経典は隋の時代までに翻訳されたものです。それらの経典によって天台宗の基礎ができています。

ですから、よく知られている唐の時代に翻訳された経典である玄奘《げんじょう》訳の『大般若波《だいはんにゃは》羅蜜多経《らみたきょう》』でないのです。所依の「般若経」は、『大智度論』と同じ訳者の鳩摩羅什《くまらじゅう》の訳の『摩訶般若波羅蜜経』です。それを天台宗では『大品経』と呼んでいるのです。ちなみに玄奘のものは、『大般若経』と略します。

それから『瓔珞経』については先程申し上げました。

そして、『大論』。『大智度論』の略名ですが、親鸞聖人も同じ略名を使われます。ただし、親鸞聖人は、『大般涅槃経』は『大経』とは言われません。『大経』は『大無量寿経』のことですから『大般涅槃経』は『涅槃経』とそのままおっしゃいます。あくまでも『大経』は『無量寿経』にのみご使用だということです。

『大智度論』について少し解説しておきます。

『大智度論』が『摩訶般若波羅蜜経』の註釈書であると申しました。この論題の「大」というのはサンスクリット語の「mahā（マハー）」の意訳です。経題では「摩訶」と音訳しています。次の「智」、「智慧」のことです。「般若」の意訳が「智慧」です。ですから「慧」と訳しても同じことです。どちらも訓読みをすると「さとる」になります。だから「知識」ではありません。また、私たちが通常使う「賢い」という意味でもありません。「縁起の道理」をさとるということです。

「般若」についての余談をしますが、「般若」と言うと「般若の面」を思い浮かべられるかもしれません。その場合の「般若」というのは能面のことではなく、能面を最初に作った人の「法名」です。つまり、「般若」という能面作りの僧侶の名前が「般若」なのです。彼の造った鬼女の面があまりに見事なので、「般若」という作者の名前が面の名前のように思われてしまったとのことです。

話をもとに戻しますが、すでに申しましたように、「般若」はサンスクリット語の「prajñā（プラジュニャー）」、パーリ語の「paññā（パンニャー）」の音訳です。

そして、「度」は「波羅蜜《はらみつ》」の意訳です。波羅蜜はサンスクリット語「pāramitā（パーラミター）」の音訳ですが、これは「渡る」「到達する」という意味で、意訳して「度」としたのです。

そこで、『摩訶般若波羅蜜経』とは、「偉大な智慧を得て悟りへ至ることを説いた経」ということです。意訳すれば、「大智度経」ということになり、内容は大乗仏教の「空《くう》」が説かれています。

『大智度論』では、初めに『摩訶般若波羅蜜経』がなぜ説かれたのかを説明されます。そこでは、龍樹菩薩が般若波羅蜜（智度）の素晴らしさを述べ、「この故に仏は『摩訶般若波羅蜜経』を説きたまへり」と結んでいます。

このことから窺《うかが》えることは、この上もない素晴らしさを讃えるために「大」が冠されているということです。親鸞聖人も『大智度論』をお読みになっておられるわけですから「大」が冠される意味を重々ご承知でありましょう。

そういうことで、親鸞聖人は単に『無量寿経』と呼ばれるのではなく、常に「大」の字を冠した『大無量寿経』という経題を用いられたのだろうと十分に窺えるわけであります。

それは、『無量寿経』がいつの時代においても真実の教であるから「大」の字を冠して『大無量寿経』と呼ばれたということです。

つまり、真実の教においては、「いつの時代でも」ということが非常に大切なことです。真実が時代によって違うものなら問題があります。時代によってしょっちゅう変わるようなことであれば、それは真実の教とは言われないわけです。さらに申しますと、人によって変わるようなことがあっては、それもまた真実の教とは言われないわけであります。ですから時代と人、「いつでも」「だれにでも」ということが、真実の教の前提条件でなければならない。そして、そこに「どこでも」ということが加わってこその真実の教です。以上のことから『無量寿経』が真実の教であること示すのが、この「大」の字であると窺うことができるのです。

いつでも　だれにでも

そこで今まで申し上げたことを前提としまして、『大経』を味わってみたいと思います。まず、「いつでも」ということについてお話をさせていただきます。

親鸞聖人は「和讃《わさん》」と呼ばれる詩歌をたくさんお作りくださっておられます。そのことはご承知のことと思います。

和讃というのは「和語の讃嘆」のことです。現代風に言えば「日本語讃歌」ということになります。仏教の詩歌には和語でないものも勿論あります。「正信偈」は「漢讃《かんさん》」です。

仏教経典の中国語は、日本では漢文とか、漢語であると言われますが、文字は漢字ですが、漢訳文は必ずしも中国の古い時代の漢王朝のものではありません。

そして、漢字の発音は漢の国の発音に限らず、様々な時代や国の発音が日本の仏教に入ってきています。特に経典には呉の国の発音が多く入ってきております。浄土真宗では、呉音を中心に漢音も用いますが、他宗では唐の時代の唐音が入っていたり、宋の時代の宋音が入っていたりします。

これら漢字でできている讃嘆を漢讃と言います。

なお、漢字で書かれてはいてもインドの発音で読む讃嘆は「梵讃《ぼんさん》」です。

インドの言葉である「サンスクリット」は仏教では梵語と呼ばれますが、「梵」という文字がインドを表しているわけではないのです。サンスクリット語というのは、そもそもインドの古い時代の民族宗教であったバラモン教のヴェーダと呼ばれる聖典を書き写す言葉として使われてきています。

「梵」は、バラモン教の最高神の一つである梵天（ブラフマン）の梵でもあります。そのことから、梵は「優れている」とか「清らか」とかの意味を持たせた文字であり、仏教経典の翻訳のために特別に創られた漢字なのです。梵天の国というような意味から梵語となり、その国の言葉が梵語、詩歌が梵讃です。

話を戻しまして、親鸞聖人がお作りくださいました和讃は非常に多いのですが、私たちが現在拝読させていただいている和讃は『浄土和讃』・『高僧和讃』・『正像末和讃』の三部に分けてまとめられています。それを合わせて「三帖和讃《さんじょうわさん》」と申しています。

この和讃の主題は、「いつでも」、「どこでも」、「だれにでも」の本願力回向《えこう》の教えが浄土真宗であるということになりますが、特に、「いつでも」ということが中心に詠われている和讃が『正像末和讃』です。

これら和讃は、親鸞聖人がご高齢になってからお作りくだされたものです。

親鸞聖人は、七十六歳のときに『浄土和讃』と『高僧和讃』とをご制作くださいました。そのうち、『浄土和讃』は「浄土三部経」の教えが中心になっています。ただし、それ以外の経典などに基づいて書かれている和讃もあります。たとえば、勤行で「正信偈」をあげた後に「三帖和讃」の「六首引《ろくしゅびき》」で和讃を読誦することがありますが、最初にあげられる「弥陀成仏のこのかたは」からの六首は、「浄土三部経」に基づくのではなく、曇鸞大師の『讃阿弥陀仏偈《さんあみだぶつげ》』によります。

しかし、基本的には「浄土三部経」が中心です。教えが基礎になって作られている和讃です。

次いで、『高僧和讃』は、龍樹・天親・曇鸞・道綽・善導・源信・源空の七高僧のお書きになったものやご功績、そしてどのようなご一生であったのか、とかをテーマとして作られている和讃です。

親鸞聖人は、その二つの和讃をご制作された十年後に『正像末和讃』を書かれているのであります。八十六歳のときです。

『正像末和讃』は、正法・像法・末法の三時、三つの時代についてのことを中心において作られています。この和讃に浄土真宗、『大無量寿経』の教えが「いつでも」「だれにでも」かなうということを明らかにしてくださっています。

正像末の三時

親鸞聖人の『教行信証』で、正像末について触れてみます。『註釈版聖典』の四一三頁をお開きください。『教行信証』の「化身土巻」です。その頁の後から五行目の上の方に【六九】という番号が振ってあります。ちょうど親鸞聖人ご自身でのお言葉であります。

まことに知《し》んぬ、聖道《しょうどう》の諸教は、在世・正法《しょうぼう》のためにして、まつたく像末《ぞうまつ》・法滅《ほうめつ》の時機《じき》にあらず。

このように出ております。「自力の聖道門の教えというものは、在世と正法のためであって」と。ここの在世は、釈尊在世の時ですが、その時と釈尊がご入滅、涅槃に入られて後の正法の時代の人のための教えであって、この教えは像法の時代と末法の時代、それから末法が過ぎ去って法が全てなくなった時代の人のための教えではないと記されています。

「時」と「機」、時代と人ということですが、それで、次に、

すでに時《とき》を失し機《き》に乖《そむ》けるなり。

と言われます。ですから、続いて、

浄土真宗は、在世・正法、像末・法滅、濁悪《じょくあく》の群萌《ぐんもう》、斉《ひと》しく悲引《ひいん》したまふをや。

と仰せになります。

浄土真宗は、「いつでも」「だれにでも」の真実の教であるということです。機ということについては、天台宗の祖である天台大師智顗がいろいろと説明していますが、「救いの対象」ということです。つまり「私」のことを指しています。

親鸞聖人は末法の時代に生きているとご自身のことをお考えですから、在世・正法ではないので時を失しているとされ、また煩悩具足の身であるとお考えですから機に乖《そむ》けるとおっしゃるのです。要するに、自力では、釈尊がお示しになった解脱の道、仏に成っていく道を歩めない時代に罪悪深重の凡夫である身が仏になるすべはない。しかし、浄土真宗、『大無量寿経』だけは仏になることのできる本願他力の教えを説くのだといただかれるのです。

ところで、濁悪の群萌というのは、五濁悪世に生きている衆生です。その衆生が末法・法滅の時代であっても皆「斉《ひと》しく」阿弥陀如来の慈悲によって救いとられていくとのお示しですが、このことをより深く味わっていきたいと思います。

在世の時というのは、釈尊在世の時代のことです。

正法の時というのは、釈尊入滅の後、「教」と「行」と「証」とが具わっている時代ということです。つまり、正しい教えがあって、その教えに基づき修行をして、証（さとり）を得ることが可能な時代という意味です。

像法の時というのは、教えはあるが、正しい修行をする人がなく、修行している像（かたち）が似ているばかりの時代という意味です。

そして末法の時代。

末法の時というのは教えのみが残っている時代であって、修行もできず、悟りが得られない時代のことです。末法の時代を短く言えば「末代」です。

蓮如上人の『御文章』に「末代無智」という言葉が出ますが、それは、「末法の時代の智慧の無い」という意味です。そういう私たち凡夫であるというお心で蓮如上人は「末代無智」とお書きくださっているのです。

さらに、法滅の時というのは、教法すらも残っていない時代。教もなくなった時代です。これらの時代がそれぞれどれぐらいあるかということですが、これは経典によって様々です。

しかし、よく用いられている説は、正法は、釈尊入滅後五百年、あるは一千年です。それから像法の時代は一千年で、末法の時代は一万年、その後に法が滅します。この法滅の時代がどれくらい続くのかということに関しては、非常に難しい問題となります。それは、この私たちの世界がどれくらい続くのかという問題と重なります。これにも諸説がありますが、ここで問題とすべきことではありませんから考えることはやめておきます。ただ、一万年続くという末法の時代に親鸞聖人は自らが生まれたのだというご自覚がおありだったということです。その上で、聖人はいつの時代でも変わらない教と行と証とを説く『大無量寿経』こそ「真実の教」であるとされたのです。ですから、私たちにとっても、正像末に関わりなく、さらに法滅に関わりなく伝わっていく証の得られる『大無量寿経』こそ真実の教なのです。

証を得るとは、欲望がなく疑いなくすべてが明らかになることであり、生死輪廻の苦しみから真の解脱をすることにほかなりません。それは、「証」を得ることなのです。そこで、親鸞聖人は『浄土和讃』で次のように詠われます。

無上上《むじょうじょう》は真解脱《しんげだつ》
真解脱は如来なり
真解脱にいたりてぞ
無愛無疑《むあいむぎ》とはあらはるる

（『註釈版聖典』五七二頁）

また、親鸞聖人の御内室であった恵信尼公《えしんにこう》が残されたお手紙である『恵信尼消息《しょうそく》』では、証に至る道を、

生死出づべき道

（『註釈版聖典』八一一頁）

と記されています。「生死を出づ」とは生死輪廻から真の解脱をし、仏、すなわち如来になることです。

証が得られる教えこそ真実の教であります。それが、『大無量寿経』です。

『顕浄土真実教行証文類』

『大無量寿経』で説かれる浄土の教えこそ真実の教であり、真実の行であり、真実の証であることを顕かにされたのが、親鸞聖人の主著『教行信証』です。親鸞聖人は、その内容をそのまま題名につけておいでになります。それが、『顕浄《けんじょう》土《ど》真実《しんじつ》教行証文《きょうぎょうしょうもん》類《るい》』という正式名称です。そして、「文」というのは、真実を顕かにするところの証拠の経論釈のご文です。そこで、親鸞聖人は、様々な経典や論書や註釈書の要文の類を集めて整理をされたので「文類」と付けられたのです。

ただし、略名では『教行信証』といいます。具名には「信」は出ていません。なぜかといいますと、真宗以外の仏教では「信」は自力の信です。つまり、自分が教を信じて修行し証を得るのです。それに対し、真宗では教も行も証も、すべて阿弥陀如来から賜るものとされます。しかし、多くの仏教徒は、信よりも自力修行に目を向けます。そこで親鸞聖人は多くの仏教徒に注目してもらえるようにと、具名では「信」の文字を入れられなかったものと思われます。

そして親鸞聖人は、浄土の教えを正しく伝えるために、教・行・証に加えて「顕浄《けんじょう》土《ど》真実信文類《しんじつしんもんるい》」の巻を作られ、さらに「顕浄《けんじょう》土《ど》真仏《しんぶつ》土《ど》文類《もんるい》」の巻と「顕浄《けんじょう》土《ど》方便《ほうべん》化身《けしん》土《ど》文類《もんるい》」の巻とを書かれ、全六巻としてお作りくださいました。

それによって、いつでも、どこでも、だれでもが、必ず浄土に生まれて仏に成ると示されたのです。

そこで、「いつでも」ということを、さらに『大無量寿経』に尋ねてみることにします。

此《こ》の経を留《とど》めて止住《しじゅう》する

（『註釈版聖典』八二頁）

『大無量寿経』の下巻を開いてください。『大無量寿経』下巻、『註釈版聖典』の初版をお持ちの方は八一頁の最後の行からになります。第二版では八二頁の二行目のところからです。そこに先に掲げた言葉を含むご文があります。

当来《とうらい》の世に経道滅尽《きょうどうめつじん》せんに、われ慈悲をもつて哀愍《あいみん》して、特《こと》に此の経を留《とど》めて止《し》住《じゅう》すること百歳せん。

当来の世とは法滅の時代のことです。当来という言葉は、普通に言えば未来なのですが、「当（まさ）に来たるべき」という意味です。未来の「未だ来たらず」という不確定な時代のことではないのです。また、「世」というのは、これは現在使用されている「社会」とは違います。社会は人間社会のことですが、世は仏教語としての世間のことです。人間はもちろん一切の生き物、衆生も国土も、とにかく世界のすべてを含めた世ということです。

一方、「経道滅尽」ですが、「教」「行」「証」のすべてがなくなってしまうことです。つまり、法滅のことです。

次いで、「われ慈悲をもつて哀愍して」ですが、「われ」とは釈尊がご自身を指す言葉です。

釈尊が慈悲の心で衆生を哀れみ、「特に」と言われます。「特に此の経を留めて止住すること百歳せん。」と…。「止」も「住」も「とどめる」ということです。「住」と言うと、今頃は住まいを考えてしまいますが、その意味ではなく、「とどまっている」ということです。さらに、「此の経」とは『大無量寿経』です。ただし、「書物」として残るという意味ではありません。「説かれていること」です。したがって、本願他力の教えが法滅の時にあたっても百年間は留まるということです。

このことをお示しになり、釈尊は続けられます。

それ衆生ありて、この経に値《もうあ》ふものは、

（『註釈版聖典』八二頁）

「値」は、通常は「あう」と読みます。ところが、ここでは「まうあふ」と読まれています。「まう」とは「参（まい）る」の古い言い方です。「参る」は尊い方のところへ行くということですから、「参上する」の「参」の字に当たります。本願他力の教えは最も尊いものですから、単純に「あう」とは読まず「まうあふ」と読まれているのです。

そして、この教えを聞いた者は皆、

意《こころ》の所願に随《したが》ひてみな得度《とくど》すべし

（同書同頁）

とおっしゃいます。

現在、僧侶になることを「得度」と言いますが、本来の得度の意味は「度を得る」です。「度」とはすでに述べましたが、この迷いの世界から悟りの世界へ渡ることです。これが得度です。ですから、すべての人が本願他力によって浄土の仏になるとのお示しです。

ところが、このお示しが問題です。本願他力の教が法滅の時代に入ってわずか百年間しか残らないのかということです。自力聖道門の方々は、文面通りに受け止めているようですが、親鸞聖人のお心から言えば、この百年は満数です。つまり、教えを聞く人がいるかぎりいつまでもということです。

釈尊は、あえて年数をあげて具体性をもたせてお示しをくださいましたが、親鸞聖人は、「衆生ありて、此の経に値ふもの」と言われていることに注目されて、教えを聞く人がいるかぎり、「いつまでも」といただかれました。真実の教を聞く人がいるならば、時代に関わらず教がいつまでも留まっていくということです。法滅の時代だから浄土に往生することができないということではないのです。いつまでも「いつでも」なのです。

逆に言いますと、教えを聞く人がいなければ、いつであっても法滅になるということです。

三　迷いの世界から悟りの世界へ

輪廻と十二縁起

浄土真宗のめざすところは、阿弥陀如来の浄土、蓮華蔵世界《れんげぞうせかい》とも申しますが、その浄土へ真如法性《しんにょほっしょう》の身である仏として生まれることです。そのことを親鸞聖人は「正信偈」で、

蓮華蔵世界に至ることを得れば、すなはち真如法性の身を証せしむ

（『註釈版聖典』二〇五頁）

と詠われます。これは、煩悩による迷いの世界から悟りの世界へ渡ることです。すでに出てきた言葉で言いますと「得度」です。別の表現をしますと、迷いの世界である此の岸から煩悩の河を渡って悟りの世界である彼の岸へ到達するということになります。つまり、此岸から彼岸へ到ることで「到彼岸《とうひがん》」と言い換えることもできます。

春と秋の二回の彼岸会は、この到彼岸を目指して行われる仏事を意味しています。いったい、此岸《しがん》とは何なのか。迷いの世界ですが、それは具体的にはどのような世界なのでしょうか。

後ほどお話しします、私たちが、生まれ変わり死に変わりを繰り返している流転輪廻《るてんりんね》をしている世界が迷いの世界です。それは、自らの煩悩によって自由に生きることのできない束縛の世界です。その世界から解放されることを解脱《げだつ》と申します。ですから、此岸から彼岸へ渡る到彼岸も解脱です。したがって得度とも言えるし、得《とく》証《しょう》とも言えます。また、その身としては仏、仏陀、如来であります。

そもそも釈尊の本体、これを本地《ほんじ》といいますが、その本地は阿弥陀如来です。阿弥陀如来が私たちに救いの法を伝えるために釈尊の姿として現れてくださったのです。

なぜ、阿弥陀如来が釈尊の姿で生まれてこられるのかと言いますと、まずは言葉で法を説くためにということです。しかし、それ以上に大きな理由は、生苦・老苦・病苦・

死苦という人間生存の苦からの解放を実際に示されるためです。

人間は、死ぬことを恐れています。死にたくないので死から逃れようとします。しかし死は必ず訪れます。また、いつまでも若いままでいたいと願います。しかし決して老いることから逃れることはできません。さらに、病気になりたくないと思っていても意のままにはなりません。人はこれら思い通りにならないことを苦と感じますので、仏教ではそれぞれ死苦・老苦・病苦と呼びます。なぜ、それら老・病・死があるのでしょうか。

それは、人として生まれてくるからです。生まれるときに大変な苦痛を伴うと経論にありますが、それは、生まれてくること自体がすべての苦の根源だからなのです。残念ながら多くの人はそのことに気づきません。そのことを釈尊は、悟りを開くことによって明らかにされ「十二縁起《じゅうにえんぎ》」という説明で私たちに示してくださいました。

そこで、十二縁起とは何かということ、十二縁起という縁起の道理によって導かれる

「生老死」についてお話ししましょう。

十二縁起とは、無明《むみょう》・行《ぎょう》・識《しき》・名色《みょうしき》・六処《ろくしょ》・触《そく》・受《じゅ》・愛《あい》・取《しゅ》・有《う》・生《しょう》・老死《ろうし》の十二の概念による縁起の関係性を説明する教えです。この関係性を説明する教えに、大きくわけて部派仏教の教えと、大乗仏教の教えがあります。ここでは、当然ですが、大乗仏教の教えによってお話をいたします。

仏教では因果の道理を単純な因果関係ではなく因と縁と果、因縁生起、つまり縁起という観点から説明をします。それは、一つのことだけが結果の原因ではなく、いくつものことが同時あるいは異時に重なって起きているのが現実の結果だと見ることです。つまり、出来事の原因がどれであるのかを判断するのは所詮人間であり、特別に強い縁を因としているにすぎないのであって、真実は一切のことが因とも縁ともなっているということです。ですから、十二因縁という言い方もありますが、老死が起きる縁を遡るという意味からは、十二縁起といったほうがより正確だということです。

そこで、苦しみである「老死」がなぜあるのかといえば、それは生まれる縁があるからとします。この生まれる縁が十二縁起にあげた「生」です。

この「生」は、母胎にあった私という存在が縁となっているとします。この存在を仏教語では「有《う》」といいます。

この有は、この世に生まれたいという貪愛《とんない》と執着《しゅうじゃく》の二つが縁となって起こっています。これらを「愛」と「取」といいます。

また、私という存在は、感受作用である「受」、私以外と接触する「触《そく》」、眼耳など六種の知覚器官である「六処」、私という仮《かり》の名とその肉体である「名色」、認識作用である「識」、それらが同時に縁となっているからと言えましょう。そしてそれらが起きているのは、それらを起こさせる作用があるからで、それを「行」と言います。

そして、これら苦しみを抱えた私という存在を起こさせる作用は、縁起の道理を知らずに迷いの世界を輪廻転生させる根本煩悩、すなわち「無明」であるとするのです。

以上が十二縁起で示された私です。

ですから、無明を縁として存在する私があるかぎり輪廻の苦しみからは逃れることができません。

そういう苦しみの私たちの迷いの世界から、悟りの世界へと往生させてくださるために阿弥陀如来が釈尊として現れてくださいました。

四苦八苦の私

ところで、真宗では生苦・老苦・病苦・死苦の四苦に「愛別離苦《あいべつりく》」という苦しみを加えて「五苦《ごく》」と呼ぶ場合があります

「浄土三部経」の『仏説無量寿仏観経』です。普通は、『仏説観無量寿経』または『観経』と言われています。しかし、親鸞聖人は『無量寿仏観経』と記されることはすでに申しました。

その経典に、釈尊在世当時のインドのマガダ国という大国のお妃である韋提希夫人《いだいけぶにん》が、釈尊に自らの苦しみを訴えて、阿弥陀如来の浄土を見させていただくのですが、その時に次のように併せて尋ねます。

もし仏滅後のもろもろの衆生等、濁悪不善にして五苦に逼《せ》められん。いかんしてか、

まさに阿弥陀仏の極楽世界を見たてまつるべき

（『註釈版聖典』九三頁）

自分は浄土を見させていただいたが、釈尊の滅後の人はどうすれば浄土を見ることができるのですかと問うのです。

ここに「五苦」という言葉が出ています。先ほど五苦を、四苦に「愛別離苦」を加えた言葉であると説明しました。この解説は善導大師のお示しによるものです。

愛別離苦とは、愛着するモノなどを失う苦しみのことです

この愛別離苦を、ともすれば、愛する人との別れの苦しみに限定して考えがちですが、この言葉は人との別れの苦しみに限ったことではありません。愛着する人や物、または事を手放す苦しみのことです。

ですから、ペットが愛しい人は、ペットの死が苦しみです。地位、名誉、財産、私た

ちは様々なモノに愛着します。それらを失うことがすべて苦しみです。特に自分の若さや健康や命を失うことが老病死の苦しみとなりますから、先の四苦を別の面から見たのが、この愛別離苦です。これと同じく先の四苦を別方面から見た苦しみに、「怨憎会苦《おんぞうえく》」と「求不得苦《ぐふとくく》」と「五蘊盛苦《ごうんじょうく》」があります。すべてを合わせて「八苦《はっく》」とも言います。合わせて四苦八苦ですが、他の苦しみも考えてみましょう。

まず、怨憎会苦です。

怨み憎むモノに会う苦しみとされます。先ほどの老病死に関してみてみましょう。若さに愛着しているのに、老いに会わなければならない、これは大変な苦しみです。さらに、健康に愛着しているのに病気に会わなければならない苦しみ、生きていくことに愛着しているのに死ななければならない苦しみ、すべての人に共通の苦しみです。嫌な人や物事に会わなければならない苦しみということに限るものではありません。人間として生まれてきたから必然的に生じる苦しみです。

次に求不得苦ですが、何事につけ人は愛着すると求めてやまないものです。しかし、求めるモノがすべて手に入りましょうか。とんでもない、若さも健康も不死も決して思い通りにならないのですから、求不得苦こそが人生というものでしょう。

最後に五蘊盛苦という苦しみが示されます。

この五蘊盛苦が一番分かりにくい苦しみですので、詳しく説明させていただきます。

まず、五蘊から説明をする必要があります。五蘊というのは、新しい時代の漢訳です。一般に新訳と言います。新訳に対して古い時代の翻訳を旧訳《くやく》と言います。もっと古い時代の訳は古訳《こやく》としますが、新訳というのはどの時点からかということをお話しします。

孫悟空が出てくる中国の伝奇小説「西遊記」のモデルになった三蔵法師は、実在の人物で、中国の唐の時代にインドへ仏教研究に行かれ、多くの経典を中国に持ち帰りたくさんの経典翻訳をされました。この三蔵法師は、玄奘《げんじょう》というお名前で、すでに『大般若経』を翻訳されたことは、お話しさせていただきました。

この玄奘三蔵の訳を新訳と言います。その漢訳以前の鳩摩羅什《くまらじゅう》の訳を旧訳とし、鳩摩羅什以前の訳を古訳とします。五蘊は旧訳の意訳では「五陰《ごおん》」となっていますが、原語の「サンスクリット」は同じ言葉です。それを新しく意訳したのが五蘊です。「蘊《うん》」とは集合体のことです。ですから、五蘊とは五つの要素・原理の集合体を合わせて表現した言葉です。すべての存在を分析すると、五種の要素・原理で成り立っているということです。これらのことも大乗仏教としての立場から説明をしなければなりません。

そもそも、五種とは何か。それぞれを挙げますと、色《しき》、受《じゅ》、想《そう》、行《ぎょう》、識《しき》となります。

「色」とは、本来は眼の対象である色境《しききょう》を指しますが、ここでは眼のみではなく耳・鼻・舌・身・意の対象となるものの総称です。つまり、色境《しききょう》・声境《しょうきょう》・香境《こうきょう》・味境《みきょう》・触境《そっきょう》・法境《ほうきょう》という認識対象をまとめて色蘊としています。

これらの対象は、私が感受しないと識別できません。この感受することを「受」というのです。たとえば、暑いとか寒いとか、また、明るいとか暗いとかの感受作用によって認識するのです。この感受をまとめて受蘊と言います。

そこで、これらの受によって、ただの水か、それとも湯か、入ることのできる湯かなど、様々な想いが湧いてきます。この湧いてきた想念、いわばイメージが「想」であり、この想をまとめて想蘊と言います。

この色・受・想によって、それに応じた心の動きが生じます。風呂であれば、「入れる」とか、「入ろうか」などですが、これが「行」です。この行をまとめて行蘊と言います。

これらは自身の心によってすべてのモノを認識し、私自身をもその対象として認識しているのです。その認識の根底にある心が「識」であり、まとめて識蘊と言います。

この五蘊こそが私であり、私の存在する世界のすべてを作り出しているのですから、十二縁起で言えば、無明がその根本です。詰まるところ、五蘊が盛んである苦しみ、五蘊盛苦というのは、生・老・病・死・愛別離・怨憎会・求不得のそれぞれの苦を生み出す無明が根本である五蘊が盛んに活動すればするほど、愛着も怨憎も増えて苦しみが増すということです。

三毒の煩悩

そもそも私たちの心というのは何なのでしょうか。

それは、私自身を含めた一切のモノを識別し判断している存在ということです。現代の物質を前提とした科学で言えば、自身の脳の「はたらき」ということになりますが、脳だけで「はたらき」を起こしているものではありません。また、物質に偏って識別判断の作用を考えることも真実ではありません。自身に理解できるのは、私という自我意識のはたらきがあるということだけです。その自我意識が無明《むみょう》ということから生じているものだとするのが、仏の説くところです。無明を言いかえれば愚痴《ぐち》ということになります。つまり、本当のことは何一つ明らかにすることができない愚かさのことです。この愚かさが根本となり、自我意識を無くすことなく存在させようという「はたらき」が欲望の源であり、これを貪欲《とんよく》と言います。また、逆に、この「はたらき」を妨害するようなものがあれば、それに対して抵抗しようとします。この「はたらき」が怒りであり、仏教語では瞋恚《しんに》と言います。これら三種が一つになって私の自我意識、すなわち私の心としてとらえられ、その心から一切を識別判断した世界が私のいる世界です。

そのように心をとらえれば、結局は、自身の心が老・病・死を恐れ、様々な苦しみを起こす原因となるのですから、人間の心は本質的に自身を煩わせ悩ませ毒するもの、すなわち煩悩しかないことになります。そこで、この三種の心を三毒の煩悩というのです。

この三毒の煩悩による識別が、「分別《ふんべつ》」と仏教では呼ばれています。つまり、仏教では分別心というのは悪いことなのです。分別とは、自分の都合で、自分と他人とは違うとか、彼とこれとは違うのだという判別です。言わば「我他彼此《がたぴし》」です。この我他彼此という分別で敵を作り苦しむのです。この分別心による束縛から解放されていく道を示すのが真実の教えです。

それでは、分別心で識別される束縛の世界とはどのようなものなのでしょうか。親鸞聖人が仰せになられた「生死出《しょうじい》づべき道《みち》」（『註釈版聖典』八一一頁）とは、この世界から解脱、解放されることなのです。それは「三界《さんがい》」と呼ばれる世界です。

三界とは、「欲界《よくかい》」と「色界《しきかい》」と「無色界《むしきかい》」の三つの世界を合わせた言葉です。『大無量寿経』は、この三界という世界観を基礎にして教えが説かれています。

三界六道について

三界は、「五道《ごどう》」とか「五趣《ごしゅ》」として分けられる場合と、阿修羅道《あしゅらどう》を加えて「六道《ろくどう》」または「六趣《ろくしゅ》」とされる場合があります。ですから、これらの分け方を含めて説明いたします。

まずは、欲界についてです。

欲界は、地獄界《じごくかい》、餓鬼界《がきかい》、畜生界《ちくしょうかい》、阿修羅界、人界《にんがい》、天界《てんがい》の一部、つまり六道で構成されています。これらの世界が欲望に満ちた世界ですので欲界と言われます。

地獄は欲望のせいで悪い行いをしたものが生まれる世界であり、罪の重さによって様々な苦しみを受ける世界とされます。それを人間界のものは通常の能力では認識できないとされます。ただし、現実として私たちの人間界同様に存在すると仏教では教えます。

地獄という言葉は、地下の牢獄という意味です。苦しみによってがんじがらめになり、暗闇の牢獄に囚われているような世界ということです。極めて苦しいことから極苦《ごくく》の世界とも言われます。極めて苦しい心が識別する世界は、まさに地下牢に閉じ込められ様々な罰を加えられるようなものとされます。

次に餓鬼の世界です。

餓鬼の「鬼」は、日本では角を生やしたオニをイメージしますが、中国語での「鬼」は死者のことです。死後に餓えた状態で生まれる世界が餓鬼の世界です。決して欲望が満たされない世界ですが、いつも何もかもが不満ばかりで生きているものの心が識別する世界は餓鬼の世界です。以上二つの世界は、通常の人間では認識できない世界ですが、畜生界と人界は認識できるものとされます。ただし、人間界を認識するといっても、私の心がそのように識別していることに変わりはありません。畜生もその人間界に人間以外の動物が存在しているという識別によるものであることに変わりはありません。

ところで畜生の「畜」は家畜の畜です。意味は養われることです。家で養われるものが家畜であり、養われて生きるものが畜生です。

これら四種の世界に天界を加えて五道というのですが、天というのは、いままでの四種の世界のものの能力を超えた存在です。いわば神のような力を持ったものです。中国では「天」は唯一の絶対的な力を持った存在と考えて別扱いとし、通常の人間の能力を超えた存在は神祇と呼んでいましたが、仏教が中国に入ると、仏教の守護神のほうが中国の天よりも勝れていることから仏教守護の存在をすべて天と翻訳しました。それが、帝釈天《たいしゃくてん》や四天王です。ただし、欲界の天は能力によって欲望を一定期間満たされますが、欲望に翻弄され苦しみを抱え続けます。

なお、六道では、これらに阿修羅を加えますが、阿修羅は人間の能力を超えている存在ですので五道で言えば天に入ります。ただし、欲望が多く、絶えず争いに明け暮れていますので人間以下とも見なされます。そこで、六道での阿修羅は地下や海底に住むものとされ、天とは異なるので非天《ひてん》とも翻訳されます。

『大無量寿経』は三界五趣としますので、阿修羅は出てまいりません。『註釈版聖典』の五四頁を開いていただきます。初版本では五三頁の最後の行からです。「かならず」の言葉の次に括弧をして「［迷ひの世界を］」とあります。［　］の中は文字を補って『註釈版聖典』に入れたということです。

かならず［迷ひの世界を］超絶《ちょうぜつ》して去《す》つることを得て安養国に往生して、横《よこさま》に五悪趣を截《き》り、悪趣自然《じねん》に閉《と》ぢ、道《どう》に昇るに窮極《ぐうごく》なからん。

と記されています。「安養国」というのは浄土です。「安楽国」とも申します。非常に安らかな素晴らしい世界です。分かりやすく申しますと、真実の教えに遇うて、教えを正しく頂戴した、聞いたものは、地獄・餓鬼・畜生・人・天の世界を超えて浄土に往生する、即座に五趣を截る、つまり三界を輪廻することがなくなるということです。

親鸞聖人はこの『大無量寿経』の言葉を、「正信偈」に次のようにお示しです。『註釈版聖典』の二〇四頁をお開きください。

信を獲《え》て見て敬ひ大きに慶喜《きょうき》すれば、すなはち横《おう》に五悪趣を超截《ちょうぜつ》す。

人界や天界を含めて悪趣とされますが、煩悩によって識別される世界なのですから、やはり悪い世界です。欲界の最高所にある天界が他化自在天《たけじざいてん》です。他人の楽を自由に自分の楽として受ける、いわば欲望充足の最高の世界です。欲望は仏道を妨げることから魔に喩えますので、他化自在天は天魔《てんま》であり、そこの王が魔王です。

親鸞聖人は、『浄土和讃』で

南無阿弥陀仏をとなふれば

他化天の大魔王
釈迦牟尼仏のみまへにて
まもらんとこそちかひしか

（『註釈版聖典』五七五頁）

と本願名号をたたえる和讃にその名を出されます。

この欲界の最高所の上方に色界の天界があるとされます。

先に「色」というのは、私の認識対象のことであると申し上げました。つまり、認識対象のモノはあるが欲望がなくなった清らかな天界が色界とされます。その世界には初《しょ》禅《ぜんてん》天・第二禅天・第三禅天・第四禅天があり、初禅天には大梵天《だいぼんてん》などが住むとされます。この世界は、禅定《ぜんじょう》という修行によって欲望を離れた識別によって得られる世界ですから、貪欲のない「清らか」という意味で「梵」の字を使っています。すでに申しましたが、「梵」

は本来、「サンスクリット」の「ブラフマン」という名前で呼ばれるインドのバラモン教の最高神の音訳です。そこで、インドに関わるものや清らかなものに「梵」を冠します。たとえば、梵天、梵語、梵字、梵唄などです。

そして無色界になると、この「清らか」とされる認識対象の色すらもなくなり、五蘊のうちの受・想・行・識の四蘊だけでできた天界となります。これも禅定によって得られていく世界とされます。ただし、この世界も悟りを得た世界ではないので、輪廻のうちにあります。

無明煩悩によって、これら三界六道を次々と生死を繰り返していくのが輪廻です。輪廻を横（よこさま）に超えていかなければ私どもの悟りはないと説くのが仏教です。「証を得る」とは三界六道の輪廻から解脱するということです。その道を親鸞聖人は求められたということです。そして、その道が説かれている真実の教えが『大無量寿経』であるということです。

「輪廻」という言葉は生死を繰り返すことですから、「輪廻転生《りんねてんしょう》」とも言えます。親鸞聖人はそのことを『教行信証』の「正信偈」で、

生死輪転《しょうじりんでん》の家《いえ》に還来《かえ》ることは、決するに疑情《ぎじょう》をもつて所止《しょし》とす。

(『註釈版聖典』二〇七頁)

と記されます。

「生死」も「輪転」も同じことです。生死・輪廻転生している三界を「家」に喩えられたのです。そして、私たち凡夫は今生きている迷いの世界である家に再び「還来《かえ》る」とおっしゃるのです。

それは何故かと言うと、「疑情」を持っているからと理由をお示しになります。「情」は心ですが、私たちは、疑いの心を持っているから、再び還って来るのだと仰せなので

す。

それでは、何に対する疑いか。それは本願を疑うことだと、こうおっしゃるわけです。阿弥陀如来が南無阿弥陀仏を私に施してくださっていることを疑う、それこそが罪であり苦しみから解放されないことなのだというお示しです。何故疑うのかというと、自力の心があるからです。自力の心があると本願の力を疑ってしまう。自力の心があると輪廻を繰り返してしまい、決して輪廻から解脱をしていくことがないのです。

成仏することを解脱というのは、仏教一般の表現です。私たち浄土真宗では「往生」です。「往生即成仏《おうじょうそくじょうぶつ》」です。ただし、仏教では、浄土真宗のように浄土へ往生することが成仏することだと説く教えばかりではありません。同じ浄土門の教えでも、浄土に往生してから、それなりの修行をして成仏するという教えの宗旨もあります。

大般涅槃

解脱は輪廻から解放されていくということに他ならない、それは浄土に往生するということに他ならないわけです。往生とは即ち成仏することです。つまり仏陀《ぶっだ》になるわけです。この仏陀の境地を「涅槃《ねはん》」といいます。浄土で仏の涅槃を得るのです。

そこで、涅槃についてお話しいたします。

涅槃は、「サンスクリット」で「ニルヴァーナ」、パーリ語で「ニッバーナ」です。それを音訳したのですが、『大無量寿経』では涅槃という訳語ではなく、「泥洹《ないおん》」と漢訳されています。『大無量寿経』の「讃仏偈」を見ていただきたいと思います。

『註釈版聖典』の一二頁です。

国泥洹《くにないおん》のごとくして、

と記されます。

「泥洹」という言葉も「サンスクリット」からの音訳ですが、涅槃とは異なり古訳です。同じ「サンスクリット」からの訳ですから意味は変わりません。本来の意味は「火が吹き消された状態」のことです。そこから、煩悩の火が吹き消された状態、寂静、静かな安らかな状態のことです。これが涅槃です。そして「完全な」という意味の「サンスクリット」の「パリ」を「般」と訳し、煩悩の火が全くなくなった、完全に煩悩が起きてこないということでの「般涅槃《はつねはん》」と言います。この涅槃は、また「大般涅槃」とも言われます。

「大」については、先に『大無量寿経』の「大」についてのところで十分に説明をさせていただきました。

この「大般涅槃」は、大乗仏教での涅槃ですから「無住処涅槃《むじゅうしょねはん》」です。

無住処の涅槃とは、上座部仏教が目指す無になる涅槃とは違うものだということです。

上座部仏教は灰身滅智《けしんめっち》の「無余涅槃《むよねはん》」を目指します。無余涅槃の「余」というのは、肉体のことです。肉身を灰にするので「灰身《けしん》」です。また智慧を持つ識すらも滅するので「滅智《めっち》」です。つまり、完全に無になれば輪廻することがないのです。ただし、阿羅漢の悟りを開いてもすべてが無になることのない、生きている間は「有余涅槃《うよねはん》」の状態です。経典には、声聞《しょうもん》という方々が出て参りますが、あの方々が南無阿弥陀仏に遇うまでは、この無余涅槃を大般涅槃と思い修行に励まれているのです。私たちが知っている「阿羅漢」とか「羅漢」という方々は有余涅槃の状態でいる仏弟子のことなのです。

大乗仏教の涅槃は、このような涅槃ではなく「無住処涅槃」なのです。それは、仏となって迷いの世界の衆生を救うために利他のはたらきをする涅槃の境地なのです。

その大般涅槃をすべての人に得させてくださるのが阿弥陀如来の本願力回向なのです。

そのことを明らかにしてくださったのが『大無量寿経』であり、それだからこそ親鸞聖人が、「真実の教、浄土真宗」と、この経を仰がれたのです。

四　天台宗と『大無量寿経』

四諦

仏教は、苦しみを脱して大般涅槃を得るための道筋をわかりやすく体系化し解説しています。それが「四諦《したい》」の説です。

四諦とは、苦諦《くたい》・集諦《じったい》・滅諦《めったい》・道諦《どうたい》という真実の道理です。

まずは、「苦諦」です。

「諦」というのは「真実」という意味です。通常、この文字を私たちは「あきらめる」と読みます。それは、真実を「あきらかにみる」という意味で「諦める」と読むのです。当然、放棄するという意味ではありません。一切のとらわれを持たずにみるという意味です。そのように私自身を観ますと、四苦八苦の苦しみを持つものであるということがあきらかになります。それが、苦諦です。

それらの苦しみがなぜ起きるのかをあきらかにみたのが「集諦」です。

苦しみが集まって起きるのは、煩悩によるのです。煩悩については、すでに三毒というお話をさせていただきました。苦しみを集めているという意味で、この真実を集諦というのです。

なお、「集」という字は、普段の私たちは「しゅう」と読みますが、時に「じっ」と読んだり「じゅう」と読んだりします。集諦は、「じったい」と読みますが、「四諦」のそれぞれの諦の字をとって「苦集滅道」と続けて読むときには「く・じゅう・めつ・どう」と発音します。

結局のところ、煩悩が原因ですから、煩悩を滅すると悟りを得るということになります。それが真実ですから、煩悩の滅が真実です。それを「滅諦」と言います。

そして、この煩悩を滅する道は八種の正しい行いである「八正道《はっしょうどう》」によるものであり、その道で悟りを開けるから真実であるとします。その真実を「道諦」と言うのです。つまり、苦諦・集諦・滅諦・道諦の四諦はすべて因果関係から説かれているのです。

八正道

八正道は、悟りを得る「聖人の道」でもありますので「八聖道《はっしょうどう》」とも表します。ただし、「八正道」は自力の教えです。浄土真宗では、私たち凡夫が悟りに至る道ではないとされますが、一応内容をみてみましょう。

最初にあげられるのが「正見《しょうけん》」です。煩悩に縛られて一切を見る私たちの見方は「邪見《じゃけん》」ですので、煩悩に縛られないで正しく見ることを正見とします。つまり、正見とは、煩悩がなく、一切のモノ、一切のことは、縁起によって存在していると智慧の眼を持って見ることとです。そうしますと、その時点では悟りを開いていることになります。そうでなければ正見にはならないのです。それが最初にあげられるのは、最終的に目指すところだからであります。

八正道、八種の道、すなわち八道は実践する順序で示されているのではありません。

修行の道を八方向から示したものです。仏教ではこのような各方面から記すことを「重」といいますので、八重です。なお、八重であっても説明すれば必ず順序ができてきます。そこで、このようなことを「説必次第《せっぴっしだい》」と言います。

さて、正見の次に説かれるのが、「正思惟《しょうしゆい》」です。

仏教では、行動、これを「業《ごう》」といいますが、この業を自分と他者への影響を考えて三種に分けて説明しています。一つ目は、心の行いです。これを心業《しんごう》とか意業《いごう》とか申します。この意業が「考える」とか「思う」ということであります。これを煩悩に縛られず正しくしなければならない、つまり、愚かさによらず、欲望もなく、怒りもなく、考えていく、これが正思惟です。

次に「正語《しょうご》」です。これは、他者への正しい伝達行為です。言語行動を、仏教では語《ご》業《ごう》とか口業《くごう》といいます。この語業は、現代ではSNSなどで瞬時にはるか遠方に人にも影響を与えます。多くの人を害することもあれば、利することもあります。この行動も正しく行われなければなりません。

そして、「正業《しょうごう》」です。業は行為全般を意味しますが、すでに意業と語業とが出ていますので、それ以外の行動です。身業《しんごう》といってもよいのです。殺人や盗みはもちろん、他人や自らを害するようなことがあってはならない、それが正身業の説かれる理由です。

正見に続いて、正思惟・正語・正業と三業の正しい道が示されましたが、これを前提として正しい生活をすることが「正命《しょうみょう》」です。「命」は、生命のことではなく生活を意味しています。

そして、これらによって悪い行いはせず善い行いのみを続けてゆくことが「正精進《しょうしょうじん》」です。

最後に「正念《しょうねん》」と「正定《しょうじょう》」ですが、どちらも仏道修行の具体的な方法として示されたものです。

まず、正念には四種の観察すべき対象が示されます。これを四念処《しねんじょ》といいます。ですから四念処観《しねんじょかん》という修行になります。四種の対象とは、身《しん》・受《じゅ》・心《しん》・法《ほう》です。そこで、身念処観とは、自身の身は老・病・死のまぬがれない不浄なものと観ること。受念処観とは、自身が受けるところのものはすべて苦であると観ること。心念処観とは、自身の心は常に煩悩により変化するものと観ること。法念処観とは、一切の法（モノ）には実体がないと観ること。これらの観察を智慧によって正しく行うことが正念です。

最後に、「正定」です。

定は「禅定《ぜんじょう》」のことです。「禅」はサンスクリットの「ディヤーナ」の音訳。「禅那《ぜんな》」のことですが、これに意訳の「定」を重ね、現代語に訳す時には「精神統一」とします。一つの対象に心を集中していくことです。集中できた状態を三昧《さんまい》といいます。これが智慧によって正しくできると認識対象に対して煩悩が起こらなくなります。それが正定であり、仏にはいまだ成ってはいませんが、三界で言えば、清浄なモノでできた色界に入った境地です。

このように八正道を実践して悟りに至るとするのが四諦八正道の教説です。

ただし、すでに指摘しましたように、この道を歩むのは自力聖道門、方便の教えです。ですから、この道は、「いつでも」「だれにでも」ということにはならないのです。そこで、釈尊は、本願他力の教えこそ、いつでもだれでもが仏に成ることのできる真実の教えであると『大無量寿経』に示されたのです。そして八聖道で得られる功徳を、浄土真宗七高僧の第一祖である龍樹菩薩は「かの八道の船《ふね》に乗《じょう》じて、よく難度海《なんどかい》を度《ど》す」（『註釈版聖典』一五三頁）と、他力の船に乗って浄土に往生して得られることに喩えられ、本願力におまかせするようにとお勧めくださったのです。

天台大師について

そもそも、親鸞聖人は自力聖道門の教えを九歳から二十九歳までの二十年間、比叡《ひえ》の山で学ばれていました。比叡山《ひえいざん》は天台宗を学ぶ延暦寺《えんりやくじ》のことです。その天台の教えを学ばれた上で、仏に成るには本願他力による道しかないと、親鸞聖人は法然聖人からお示しをいただいたのです。

親鸞聖人が学ばれた天台の教えとは、どのような教えなのでしょうか。

天台の教えでは、真実の教は『妙法蓮華経《みょうほうれんげきょう》』であるとします。他力浄土門の『大無量寿経』は方便の教に過ぎないとします。

私たち真宗の立場では『妙法蓮華経』は自力聖道門の経典ですので方便の教です。

真宗とは逆の教えを親鸞聖人は比叡山で学ばれました。

釈尊の教は八万四千の法門と呼ばれるほど膨大なものです。その中から唯一『妙法蓮華経』が真実の教であると、天台宗では説くのです。

日本で天台宗というと、京都と滋賀の境にある比叡山を思い浮かべますが、天台宗自体は日本で興った宗旨ではありません。

中国の隋の時代に、今の上海近くの天台山《てんだいさん》におられた智者大師《ちしゃだいし》が、『妙法蓮華経』に基づく修行によって証を得ることができたので、この経こそが真実の教えであると仰せになったことによります。

天台宗という名前は、山の名前によるものであり、智者大師もその山におられたので天台大師《てんだいだいし》と呼ばれるようになったのです。

すでに何度か出てきましたが、智者大師の僧侶としての名前である法名は「智顗《ちぎ》」です。

「智者大師」という大師号は、隋の時代に、その頃「晋王《しんおう》」であった楊広《ようこう》、後の煬帝《ようだい》に菩薩戒《ぼさつかい》を授けられたことにより賜った大師号《だいしごう》です。

菩薩戒というのはどういう戒であるのかと言いますと、僧侶にのみ授けられる戒律とは違って、すべての仏教徒が受けられる戒なのです。ですから僧侶ではない煬帝も受けたのです。

すべての仏教徒が受けられる戒と言えば、菩薩戒だけではなく、不殺生《ふせっしょう》・不偸盗《ふちゅうとう》・不邪淫《ふじゃいん》・不妄語《ふもうご》・不飲酒《ふおんじゅ》の「五戒」がありますが、厳密に申しますと「戒」と「律」とは、本来違うものです。

前に少し触れましたが、戒は、自ら誓う「いましめ」です。他から強制されるものではありません。

それに対して、律は、組織上での規則です。国で言えば法律に該当します。ただし、仏教教団に比丘として入れば、当然、そこでの律を守らねばなりません。そして、それを破れば罰を受けることになります。また、その律を守ると自ら誓った以上、比丘となれば、律を守ることが戒でもあり、律は戒となります。そのようなことで、戒律と一つにして言うことになり、戒と律が混乱して理解されることもあります。

話を戻しますが、煬帝から大師号を賜ったことから、天台山の大師として「天台大師」と後に呼ばれるようになったのです。そして、その天台大師によって体系化された教えを学ぶグループが、天台宗と呼ばれるようになったのです。

つまり、『妙法蓮華経』による修行によって証を得た天台大師によって立てられた教えが天台宗であるというわけです。

南岳大師について

『妙法蓮華経』、略して『法華経』による修行法を天台大師に教えられた方が南岳大師《なんがくだいし》です。

『妙法蓮華経』は、鳩摩羅什《くまらじゅう》という方が訳されたのですが、この方は他にも多くの経典を訳されています。この読本にも出てくる『摩訶般若波羅蜜経』も『大智度論』も鳩摩羅什によって訳されています。「浄土三部経」の『阿弥陀経』もこの方の翻訳です。

現在伝わっている鳩摩羅什訳『妙法蓮華経』は、二十八品から構成されています。二十八品とは、現代風に言えば、二十八章ということになります。漢訳経典の場合は「品（ほん）」ということになります。この二十八品の中に「安楽行品《あんらくぎょうほん》」という章があります。

その「安楽行品」に、末法の時代においては「安楽行」という修行をするようにと説かれています。

如来の滅後に末法の中に於て是の経を説かんと欲せば、安楽行《あんらくぎょう》に住すべし
（坂本幸男・岩本裕訳注『法華経（中）』岩波文庫、岩波書店、一九六四年、二五六頁）

このように出ています。

『法華経』に示されているところの修行法によって証を目指すということで、この修行法を「法華三昧《ほっけざんまい》」というのです。「三昧」については、八正道の正定のところでお話ししました。とにかく『法華経』に基づく安楽行を三昧の境地で行うということです。

この法華三昧を天台大師に指導されたのが「慧思《えし》」という方です。

この慧思という方は、何度も論敵の比丘から暗殺されそうになるという大変な苦労をなさった方です。中国湖南省《こなんしょう》の衡山《こうざん》、南岳とも呼ばれる山におられましたことから南岳大師と尊敬してお呼びしています。

南岳大師は、何度も暗殺されそうになりましたから、末法であるから、そのようなこ

とが起こるのであるとの危機意識が非常に強く、四十四歳の時に『立誓願文《りゅうせいがんもん》』と呼ばれる誓いを立てられます。どのような誓いであるかというと、五十六億七千万年の後に現れる弥勒菩薩《みろくぼさつ》がお悟りを開く場に、直接出会うことを目指して修行をするという誓いです。

この『立誓願文』の中に、「『大無量寿経』は、末法の一万年間と、法滅になってからの百年間は残るが、その後は滅してしまう。しかし『法華経』は、いつまでも滅することがない」というような意味のことが記されています。

それでは改めて『大無量寿経』を見てみます。

そこで、『註釈版聖典』を開いていただきましょう。前にも見ていただきましたが、八二頁になります。初版では八一頁です。

当来の世に経道滅尽せんに、われ慈悲をもつて哀愍して、

特に此の経を留めて止住すること百歳せん。

南岳大師は、このご文を「百年間で滅する」と解釈されたのです。親鸞聖人のご解釈とは異なるので、補足説明をします。親鸞聖人は、「法滅でも教えを聞く人がいれば『大経』が滅することがない」と、このご文を釈尊の遺言として受けとめておられます。このことはすでにご存じと思いますが、『高僧和讃』のお言葉を少し頂戴してみたいと思います。『註釈版聖典』の五九〇頁をお開きください。下の段も「善導讃《どうさん》」のご文です。

経道滅尽《きょうどうめつじん》ときいたり
如来出世の本意なる
弘願《ぐがん》真宗にあひぬれば

凡夫念《ねん》じてさとるなり

「経道滅尽時至《ときいた》り」とは法滅の時代が到来したということです。「弘願真宗に遇《あ》ひぬれば」とは、他力の教えを聞くことです。「凡夫念じて悟《さと》るなり」、私が浄土で仏にさせていただけるということです。つまり、法滅の時代でも本願力におまかせすれば必ず浄土で仏に成るということです。

しかし、南岳大師が説かれた天台の教えでは『大無量寿経』をそのようには解釈しません。『大無量寿経』は法滅の時代になると百年しか残らない教えである、真実の教えではないと解釈するのです。

いつの時代でも安楽行で悟りを開ける『法華経』のみが真実の教えである、そのように南岳大師は考えられて、法華三昧を天台大師に授けられたのです。すると、天台大師も法華三昧によって、少しの悟りを得られたとします。そこで、天台大師は『法華経』を真実の教と仰ぎ、釈尊の説かれたすべての経典の教えを判別解釈して、なぜ『法華経』が真実の教であるかを明らかにされます。このように、経典の教えを整理することを「教相判釈」、略して「教判」と言います。

教相判釈

中国で興った宗旨は、この教判によって自宗と他宗とを区別してその優劣を示します。なぜ中国では教判が必要になったのでしょうか。

中国に仏教が伝わったのは、一世紀頃と考えられています。釈尊入滅から五百年は経っています。

すでに大乗仏教の経典がインドでは編纂されています。そのために、仏説とされる経典等が上座部伝承のものだけではなく、大乗仏教の経典も編纂年代に関係なく次々と漢訳されて中国に入っていきます。それも、同じ経典であっても繰り返し翻訳をされて入ってきます。

そのような整理がなされない状態での経典伝来ですから、経典と経典との間に整合性がなく、矛盾したことが、同じ仏説として説かれることになります。

そのために、どの教説が真実なのか不明となります。そこで、経典を一定の基準で整理をしなければならなくなります。それが教判です。

当然、浄土真宗も教判によって『大無量寿経』が真実の教であると示します。この真宗の教判を「二双四重判《にそうしじゅうはん》」と申し上げます。

天台宗でも『法華経』が真実の教であることを教判で示しますが、この教判は「五時《ごじ》八教判《はっきょうはん》」と言います。

五時判

八教判まですべてお話ししますと、『大無量寿経』の講義になりませんので関係する五時判のみを解説しておきましょう。

五時判とは、釈尊が悟りを開き涅槃に入られるまでの時期を五つに分けて、それぞれの年代にどの経典をどのような基準で説かれたのかを判別したものです。ただし、今の私たちが知っているすべての漢訳経典ではなく、天台大師がおられた時代までに翻訳された経典や論書です。

すでにお話ししましたように、西洋から仏教学が入ってくるまでは、中国や日本では、釈尊の出家は十九歳、成道は三十歳、入滅は八十歳と考えられていましたので、天台大師は、釈尊の説法期間を三十歳から八十歳までの五十年間とし五期に分けられます。ただし、必ず五期の最期に説かれたとしなければならない経典があります。それは、入滅される直前に説かれた『大般涅槃経』です。そこで、この経典を最期にされ、それ以外の経典を真実の教である『法華経』に導くための方便の期間とし、翻訳された経典群を精査されます。結果として、「華厳時《けごんじ》」・「阿含時《あごんじ》」・「方等時《ほうどうじ》」・「般若時《はんにゃじ》」・「法華涅槃時《ほっけねはんじ》」の五期に分類されました。最初期が「華厳時」で、『華厳経《けごんぎょう》』が説かれたからとされました。それは『華厳経』に「菩提樹下で説いた」と説かれるのですから当然のこととも言えます。「菩提樹下」とは、釈尊が悟った樹木の下ということです。もともとこの樹木には別名がありましたが、釈尊が悟り（菩提）を開いたことにより菩提樹と呼ばれることになったのです。この場所が菩提を開いた所であり、花で荘厳されるほど素晴らしいので、経題に「華厳」と、「花で荘厳される」と付けられたのです。また、悟りを開かれた仏道の場なので、「菩提道場《ぼだいどうじょう》」と名付けられました。

経典の内容を詳しく申しますと、仏へ至るまでの菩薩の階位が順次説かれています。非常に難解な教えです。そして、経の最後の方には「入法界品《にゅうほっかいぼん》」という一章があり、善《ぜん》財童子《ざいどうじ》という方が五十三人の善知識《ぜんじしき》を訪ねて「法」を求めていくという内容となっています。ちなみに五十三人の善知識の所に出向くということから、『華厳経』によって「東海道五十三次」の宿場が決まったという俗説も生まれています。

話を戻しまして、釈尊は、この華厳時では、『華厳経』を二十一日間説かれましたが、非常に難解な教えでしたので、ほとんどの人には理解不能でした。それでもあえて説かれたのは、これから『法華経』を説くために、聞く人たちの能力を試されたのです。このように天台大師は『華厳経』に対してお考えになり、この期間を「華厳時」とします。

そこで、次に、能力的に劣った人でも理解可能な上座部系統の教えを、初転法輪《しょてんぼうりん》で有名な鹿野苑《ろくやおん》に赴かれて説かれます。そこで、説かれたのが「阿含経《あごんぎょう》」です。「阿含経」とは、一つの経典ではなく沢山の小乗仏教経典を集めたものです。「阿含経」は、道徳的な内容のものが多く、縁起の教えの深いところは説かれていません。ですから、縁起の教えから導かれる「空《くう》」の教えも、人々に理解しやすいように、霊魂的なものだけを否定し、物質的な要素は永遠に不滅という立場で説かれます。この教えを説いた時期が十二年間であり、「阿含時」とか「鹿苑時《ろくおんじ》」と言われます。

その次に、物質的な要素も縁起で存在するのだから不滅ではないとする、大乗仏教の経典群を説かれます。ここで「阿含経」に説かれる無我にとらわれている人々、声聞の人たちですが、その人たちに小乗仏教を信じていたことが恥ずかしいと思わせ、あらゆる方向にいるすべてのものに等しく仏になる道を明かす大乗仏教を慕わせます。この期間が八年間であり、「方等時」とされます。大乗の経典は、方等経典ともいわれますが、その中に『大無量寿経』も含められます。

方等の「方」は広いということです。すべての人が教化される教えです。ところが、「阿含時」で説かれるのは阿羅漢を目指す声聞の人たちの経典です。ですから、仏ではなく、灰身滅智《けしんめっち》して無になっていくというそういう教えしか説かれません。そこで、「方等時」とは、「方」、広くすべての人のため、「等」、すべての人が等しく仏になる教え、それらが説かれたという理解での分類です。

そもそも、天台宗という宗旨は、南岳大師が「般若経」という「空」を説く教典を基礎にして『法華経』に説かれる修行を天台大師に勧められたことが始まりです。

そこで、いよいよ真実の空を説くことになり、小乗の空とか大乗の空とかということはなく、釈尊が明らかにされたのは、『摩訶般若波羅蜜経』（『大品般若経』）等に明かされる「一切皆空」の教えを伝えられるためであった、それを目的として説かれたのがたくさんの「般若経」であると言うわけです。この期間が二十二年間であり、「般若時」と呼ばれます。

しかし、この般若時では、声聞はその教えの対象としては示されません。そもそも仏教には阿羅漢を勧める教えなどなく、声聞も菩薩も、在家も出家も関わりなくすべての人が仏になる教えだけなのだ、それを明らかにされた経こそ真実の教であり完全な教えなのだとして、『法華経』が説かれます。この期間が入滅までの八年間とされます。ただし、入滅直前に説かれた『涅槃経』がありますので、この『涅槃経』を『法華経』を聞くことに漏れた人々に一日一夜説かれたと天台では解釈し、この期間を「法華涅槃時」としてます。それによって『法華経』のみが真実の教であると、天台大師が示されたわけであります。

この最後の期間を「法華涅槃時」と言います。

これで、釈尊の説法期間を五つに分けて、それに合わせてすべての経典が整理判別され、天台の教判である五時判ができあがったのです。そして、天台宗では、この『法華経』を説くことが釈尊の誕生された一番の目的、「出世本懐」、「出世の一大事」であったとします。

『大無量寿経』と『法華経』

以上のように天台宗では『法華経』を説くことが釈尊出世の大事とされます。しかし、親鸞聖人は『教行信証』で『大無量寿経』を説くことが釈尊出世の大事であるとされます。『註釈版聖典』の一三五頁をお開きください。後から四行目を読みます。

なにをもつてか出世の大事なり知ることを得るとならば、『大無量寿経』（上）にのたまはく、

続けて一三六頁の一二行目を見てください。

如来無蓋の大悲をもつて三界を矜哀《こうあい》したまふ。世《よ》に出興《しゅっこう》するゆゑは、道教を光闡《こうせん》し

て、群萌を拯《すく》ひ恵むに真実の利《り》をもつてせんと欲《おぼ》してなり。

このように明確に『大無量寿経』に「出興するゆゑは」と示されるからです。

また、『浄土和讃』の「大経讃」には、

如来の光瑞希有《こうずいけう》にして
阿難はなはだこころよく
如是之義《にょぜしぎ》ととへりしに
出世の本意あらはせり

如来興世《こうせ》の本意には
本願真実ひらきてぞ

（『註釈版聖典』五六五頁）

難値《なんち》難見《なんけん》とときたまひ
猶霊瑞華《ゆれいずいけ》としめしける
（同書五六六頁）

と示されます。さらに、前にも紹介しましたが、『高僧和讃』の「善導讃」では次のお示しです。

経道滅尽ときいたり
如来出世の本意なる
弘願真宗にあひぬれば
凡夫念じてさとるなり
（同書五九〇頁）

親鸞聖人は、法滅の時代であっても『大無量寿経』に説かれる本願他力の教え、浄土真宗で仏に成ることができるからと示されます。

そもそも、『法華経』によって法滅に関わらず悟りを得ることができるとしても、すべての人が速やかに仏になることができる教えであるのかということです。これが達せられてこそ真実の教えであり、真実の教えを説かれないのであれば、釈尊が出世された意味もないことになりましょう。

いつでも、どこでも、だれでもが、必ず仏に成ることのできることを明かす『大無量寿経』の教えを説くことが、釈尊出世の一大事だったのであります。

著者：北塔　光昇（きたづか　みつのり）
法名　釈　晃陞
1949年　北海道生まれ
浄土真宗本願寺派　勧学
旭川市　正光寺　前住職
略歴：龍谷大学大学院修士課程修了
中央仏教学院　第16代院長
著書：『仏説無量寿仏観経講讃』、『天台菩薩戒義疏講読　上・下』
『真宗からの倶舎・法相読本』（以上、永田文昌堂）
『聖典セミナー　三帖和讃Ⅱ　高僧和讃』（本願寺出版社）
他　多数

『大無量寿経』読本　1
二〇二四年二月十五日　第一刷発行
著者　北塔光昇
発行者　永田唯人
印刷所　㈱図書印刷同朋舎
発行所　永田文昌堂
600-8342
京都市下京区花屋町通西洞院西入
電話（〇七五）三七一—六六五一番
FAX（〇七五）三五一—九〇三一番
ISBN978-4-8162-6265-4 C1215